C.H.BECK  WISSEN
in der Beck'schen Reihe
2201

Neben den Werken, die Mozart für das Musiktheater schrieb, spiegeln wohl nur noch die Klavierkonzerte in ihrem repräsentativen Charakter die Entwicklung des Komponisten in ihrer staunenswerten Dichte und Fülle umfassend wider. Alle wichtigen Veränderungen in Stil, Technik, aber auch biographischer Konstellation sind im Kontext dieser Gattungsgeschichte beschreibbar, so daß sich das Phänomen Mozart in seinen zentralen Facetten erschließt – von der Mühelosigkeit des kompositorischen Beginns bis zur Abgeklärtheit der späten Werke.

Marius Flothuis war von 1955 bis 1974 künstlerischer Leiter des Concertgebouw Orchesters, von 1974 bis 1982 Professor für Musikwissenschaften an der Universität Utrecht und von 1980 bis 1994 Vorsitzender des Zentralinstituts für Mozartforschung in Salzburg. Er gilt als einer der international bedeutenden Mozartforscher der Gegenwart.

Marius Flothuis

MOZARTS KLAVIERKONZERTE

Ein musikalischer Werkführer

Verlag C.H.Beck

Meinem Freunde
Eduard Reeser

Die Deutsche Bibliothek – CIP-Einheitsaufnahme

Flothuis, Marius:
Mozarts Klavierkonzerte : ein musikalischer Werkführer /
Marius Flothuis. – Orig.-Ausg. – München : Beck, 1998
  (C. H. Beck Wissen in der Beck'schen Reihe ; Band 2201)
  ISBN 3 406 41874 0

Originalausgabe
ISBN 3 406 41874 0

Umschlagentwurf von Uwe Göbel, München
© C. H. Beck'sche Verlagsbuchhandlung (Oscar Beck), München 1998
Gesamtherstellung: C. H. Beck'sche Buchdruckerei, Nördlingen
Gedruckt auf säurefreiem, alterungsbeständigem Papier
(hergestellt aus chlorfrei gebleichtem Zellstoff)
Printed in Germany

Inhalt

Vorwort

„Im Klavierkonzert hat Mozart sozusagen das letzte Wort in der Verschmelzung des Konzertanten und des Sinfonischen gesagt, eine Verschmelzung zu einer höheren Einheit, über die kein „Fortschritt" möglich war, weil das Vollkommene eben vollkommen ist." Diese Einsicht Alfred Einsteins kann man in vielen Mozart-Publikationen (Mozart, sein Charakter, sein Werk, S. 277).

Es ist bemerkenswert, daß diese offensichtlich weit verbreitete Einschätzung der Bedeutung der Mozartschen Klavierkonzerte bisher nur ganz selten zu umfassenden wissenschaftlichen Studien Anlaß gegeben hat. So wird in besonderer Weise mit diesem Buch eine Lücke geschlossen.

Es lag mir vor allem daran, Eigentümlichkeiten der einzelnen Werke darzustellen, sowie Zusammenhänge aufzudecken und zu erklären: Zusammenhänge innerhalb der Werke, innerhalb des Mozartschen Schaffens und innerhalb der Musik seiner Zeit. Schließlich sei noch darauf hingewiesen, daß diese Studie – ähnlich wie Mozarts Kompositionen – mehrere Selbstzitate enthält. Sie entstammen zumeist Veröffentlichungen, die im Rahmen meines Studiums der Klavierkonzerte entstanden.

Zu Dank verpflichtet bin ich an erster Stelle meinem Lehrer K. Ph. Bernet Kempers, der mich schon in meiner Studienzeit zum Studium und zur Analyse Mozartscher Konzerte angeregt hat. Dankbar bin ich auch vielen Interpreten, deren Leistungen immer wieder Anlaß gaben, als gefestigt erscheinende Überzeugungen neu zu durchdenken.

Dank schulde ich ferner der Editionsleitung der Neuen Mozart-Ausgabe, die mich mit der Edition von sechs Klavierkonzerten betraute – eine Arbeit, die oft zu interessanten Diskussionen führte.

Amsterdam, im Mai 1998   *Marius Flothuis*

I. Einleitung

1. Vorgeschichte und Anfänge des Klavierkonzerts

„Die Geschichte des Klavierkonzertes beginnt mit J. S. Bach", stellt das Riemann-Lexikon (Sachteil), Mainz 1967, S. 467) in einem lapidaren Satz fest. Das heißt, daß vorher Solokonzerte für Instrumente geschrieben wurden, die auch ihren Platz im Orchester hatten oder haben konnten: Violine, Oboe, Flöte, Violoncello. Das Klavier (Cembalo) bekam nun, neben seiner Funktion als harmonische Stütze (d.h. als Continuo-Instrument) eine solistische Rolle.

Alle komponierenden Söhne Johann Sebastians – Wilhelm Friedemann, Carl Philipp Emanuel, Johann Christoph Friedrich und Johann Christian – haben Klavierkonzerte geschrieben. Daneben wären zu nennen: Johann Gottfried Müthel, Georg (Jiří) Benda, Johann Schobert, Georg Christoph Wagenseil, Karl Friedrich Abel, Karl Heinrich Graun, Carl Ditters von Dittersdorf. Es ist schwer, wenn nicht unmöglich, festzustellen, inwieweit Mozart mit den Klavierkonzerten dieser Autoren vertraut war. Mit Sicherheit bzw. Wahrscheinlichkeit haben ihn die Konzerte Schoberts und Johann Christian Bachs interessiert; daß er Benda sehr schätzte, ist bekannt, nicht aber, ob er dessen Klavierkonzerte kannte.

Daß Mozart mit den vierzehn in den Jahren 1784–1791 entstandenen Klavierkonzerten nicht nur alles, was seine Zeitgenossen auf diesem Gebiet vorgelegt hatten, in den Schatten gestellt, sondern auch Maßstäbe geschaffen hat, die für Jahrzehnte ihre Gültigkeit behielten, darf wohl als bekannt angenommen werden. Ebenso bekannt ist die Tatsache, daß gerade das Klavierkonzert eine Gattung war, in der er sich nicht von Anfang an heimisch gefühlt hat und in der er Übung brauchte.

Jeder bedeutende Komponist hat von Zeitgenossen und Vorgängern gelernt. Dazu sind sowohl Lernfähigkeit als auch Lernbegierde erforderlich. Beides besaß Mozart in höchstem Maße.

Die Komponisten, von denen Mozart gelernt hat, waren zunächst diejenigen, die in seiner unmittelbaren Umgebung wirkten: der Vater, Leopold Mozart, und Michael Haydn. Beide vermittelten ihm Kenntnisse und Einsichten im Bereich von Kirchenmusik, Sinfonie und Kammermusik – aber eben nicht auf dem Gebiet des Klavierkonzerts. Der nächste „Lehrer" war Johann Christian Bach und die Begegnung mit diesem Meister während des Londoner Aufenthaltes (1764–65) sollte von entscheidender Bedeutung für Mozarts spätere Entwicklung sein.

Solistische Sätze für ein Streich- oder Blasinstrument oder für deren Kombinationen finden sich schon in den frühesten Kassationen und Serenaden; irgendwelche „Übungsstücke" auf diesem Gebiet sind nicht dokumentiert. Mozarts erstem Klavierkonzert (KV 175) gehen jedoch sieben Werke voraus, deren thematisches Material von anderen Komponisten stammt. Und von diesen Konzerten können vier eindeutig als „Übungsstücke" bezeichnet werden (KV 37, 39, 40, und 41). Bei den drei Konzerten nach Sonaten von Joh. Chr. Bach (KV 107 I, II, III) ist das allerdings nicht mehr der Fall.

Die vier Konzerte basieren auf Sonatensätzen von deutschen, damals in Frankreich wirkenden Komponisten (Honauer, Raupach, Eckard, Schobert); Ausnahmen bilden der Mittelsatz von KV 37, dessen Ursprung noch immer nicht eruiert worden ist, und das Finale von KV 40, dem ein Stück von Carl Philipp Emanuel Bach zugrunde liegt.

2. Norm und Abweichung

Mit dem Konzert in D–dur, KV 175, ist die Struktur des „modernen" Klavierkonzertes grundsätzlich etabliert. Die für das Barockkonzert charakteristische Ritornellform ist nun definitiv durch das dem Sonatenhauptsatz verpflichteten klassische Konzert ersetzt, zumindest was die ersten Sätze betrifft.

Der Durchführungsteil ist der Einzige, der noch oft an das barocke Ritornellkonzert erinnert: Er ist in den frühen Konzerten (*vor* 1777) meist frei erfunden, diesen Typus nenne ich im folgenden „Phantasie-Durchführung". Später handelt es sich zumeist entweder um thematische Durchführungen, die Hauptthemen vielfach verarbeiten, oder um motivische Durchführungen, die oft nebensächliche Motivteile aufgreifen und fortspinnen. Die Norm, die schon die frühen Konzerte kennzeichnet, ist nie von Mozart selbst formuliert worden (Mozart formulierte höchstens Ideen, keine Theorien), sondern ist mühelos aus den zahlreichen Konzerten herauszulesen. Theoretisch bestimmt wurde sie erst von Heinrich Christoph Koch im *Versuch einer Anleitung zur Compositon* (3 Teile, Leipzig und Rudolstadt 1782–93).

Zusammenfassend kann zur Norm gesagt werden:

1. Satz, meistens Allegro, überschrieben, zuweilen mit geringen Modifikationen	a Orchesterritornell – später wohl „Orchester-Exposition" zu nennen – wird abgeschlossen in der Haupttonart: b Solo-Exposition: enthält zumindest zwei Themen, deren zweites in der Dominante bzw. Durparallele steht, wird auf der Dominante bzw. Durparallele abgeschlossen; c Kurzes Orchesterritornell, das oft gleichzeitig überleitet in den d Durchführungsteil; e Reprise, in der die Themen nunmehr in der Haupttonart erscheinen; f Orchesterritornell, unterbrochen von der g Kadenz und fortgesetzt im h Schlußritornell.
2. Satz, Tempobezeichnungen: Adagio, Larghetto, Andante, Andantino, Allegretto sowie Varianten	Tonarten: Dominante, Subdominante, Parallele, Terzbeziehung; Formen: die größte Vielfalt an Möglichkeiten: Sonatenhauptsatz, Rondo, Variationen, „Sonatenhauptsatz ohne Durchführung" (= zweiteilige Großform) sowie Kombinationen; Anfang mit oder ohne Ritornell
3. Satz, Rondo oder Variationen	Hierbei ist zu bemerken, daß die primitive Form des Rondo *alla francese* in den Konzerten überhaupt nicht vorkommt. Es handelt sich immer um große Rondoformen, oft mit Elementen des Sonatenhauptsatzes verbunden.

Es braucht wohl kaum betont zu werden, daß Mozarts Klavierkonzerte nicht deswegen interessieren, weil ihnen diese fast unveränderlichen Prinzipien zugrunde liegen. Unser Interesse beruht auf der Tatsache, daß Mozart imstande war, diese Prinzipien immer wieder neu zu interpretieren und des öfteren sogar erheblich von ihnen abzuweichen.

Solche Abweichungen, die auch in Konzerten für andere Instrumente hin und wieder vorkommen, lassen sich wie folgt zusammenfassen:

Klavierkonzert KV 271: Beteiligung des Solisten am 1. Ritornell sowie an anderen nicht üblichen Stellen und nach der Kadenz; Rezitativ im 2. Satz; Menuetto-Mittelteil im 3. Satz; ebenso KV 415: zweimalige Adagio-Interpolation im 3. Satz; ebenso KV 482: Andantino-Interpolation im 3. Satz; ebenso KV 491: Beteiligung des Solisten am Ritornell nach der Kadenz.

Nicht als abweichend wurden diejenigen Finalsätze betrachtet, in denen lediglich die Coda eine andere Taktart und meistens auch eine anderes Tempo aufweist: KV 382, 449, 451, 453 und 491.

Alle übrigen Konzerte interpretieren die „Norm" zwar unterschiedlich, weisen aber keine grundsätzlichen Abweichungen auf, die mit den obigen verglichen werden könnten. Demgemäß sind folgende Konzerte „normal":

Klavierkonzerte KV 175, 238, 242, 246, 365, 413, 414, 449, 450, 451, 453, 456, 459, 466, 467, 488, 503, 537 und 595.

Schon die Tatsache, daß Mozart als Achtjähriger den Londoner Bach kennen lernte, legt es nahe, daß dieser als Autor von zwanzig beglaubigten Klavierkonzerten einen nachhaltigen Eindruck auf ihn gemacht haben muß. Das wird außerdem durch mehrere Äußerungen Mozarts bestätigt, in denen er seine Bewunderung für Bach bekundet, sowie durch Zitate aus Werken von Johann Christian Bach, die gerade in Klavierkonzerten auftauchen (KV 414, 450, 456). Für die häufigen, bedeutungsvollen Abweichungen, die das Konzert KV 271 aufweist, hat Mozart wohl kaum ein Modell in Werken von Joh. Chr. Bach finden können; viel eher bei C. Ph. Em. Bach, der mit der Konzertform geradezu experimentiert hat, so in

Wq 6 und Wq 43/4 (gedruckt vor 1777). Um feststellen zu können, ob die äußerst ungewöhnliche Struktur von KV 271 tatsächlich von C. Ph. Em. Bach angeregt wurde, müßte man wissen, welche Konzerte von Bach im süddeutschen bzw. österreichischen Raum bekannt waren. In der Korrespondenz der Familie Mozart ist wiederholt von C. Ph. Em. Bach die Rede, nie aber von Klavierkonzerten. Auch im Briefwechsel Bachs mit dem Wiener Verlag Artaria wird, wenigstens vor 1777, nicht von Klavierkonzerten gesprochen.

3. Die gesellschaftliche Stellung des Konzerts

Das Solokonzert ist seiner Natur nach ein *show piece*: Der Hörer soll in Erstaunen geraten über die Leistung des Interpreten. Anders gesagt: Das Solokonzert gehört zu den Gattungen, die in direkter Beziehung zum damaligen öffentlichen Musikleben stehen. Während Streichquartett, Klaviersonate, Klavierlied oder Klaviertrio in erster Linie „Musiziermusik" darstellen, bei der die Anwesenheit von Zuhörern nicht unbedingt notwendig ist, hat die Aufführung von Konzerten ebenso wie von Sinfonien und Konzertarien nur dann einen Sinn, wenn eine Zuhörerschaft da ist.

Daß Mozart in der Komposition seiner Konzerte weit über die oben angedeutete Zielsetzung hinausging, wundert uns nicht, denn das tat er auf fast jedem Gebiet. Man denke an ein Werk wie die Serenade in c–moll für Bläser, KV 388 deren Anspruch entschieden den der Gattung übersteigt; an das Streichquartett in G–dur, KV 387, dessen Menuett die Form eines Sonatenhauptsatzes hat; oder an das Lied *Als Luise die Briefe ihres ungetreuen Liebhabers verbrannte*, KV 520, in dem ein Seelendrama in zwanzig Takten zusammengefaßt ist.

Viel erstaunlicher ist, daß schon die damaligen Hörer hin und wieder die besondere Bedeutung erfaßt haben. Nicht umsonst sagt Leopold Mozart in seinem Brief vom 13. Januar 1786, daß die vom Publikum verlangte Wiederholung eines langsamen Satzes etwas „Seltsames" (seltenes) sei. Und wenn es sich da tatsächlich um den Mittelsatz des Konzertes KV

482 handelte – was aufgrund des Datums und der von Leopold Mozart angegebenen Tonart wohl feststeht –, dann hat es offenbar eine beträchtliche Zahl von Zuhörern gegeben, die ein gutes Gespür für das sowohl in inhaltlicher als auch in formaler Hinsicht Ungewöhnliche dieses Satzes hatten.

4. Die Stellung der Klavierkonzerte innerhalb des Gesamtwerks

Mozarts erstes „eigenes" Klavierkonzert, KV 175, wurde im Dezember 1773 komponiert, das letzte, KV 595, im Januar des Todesjahres 1791. Innerhalb dieser siebzehnjährigen Zeitspanne können drei Perioden als besonders arm an Klavierkonzerten bezeichnet werden: 1774–1776, 1778–1781 und 1789–1790. In den beiden erstgenannten Perioden mögen die Salzburger Verpflichtungen (Kirchenmusik, Gesellschaftsmusik), in der zweiten die Arbeit an der Oper *Idomeneo* ihn verhindert haben, sich schöpferisch mit dem Klavierkonzert zu beschäftigen. Einen ähnlichen Grund für die dritte Periode festzustellen, ist nicht so leicht, da Mozart in dieser Periode auch auf anderen Gebieten relativ wenig neue Werke schuf.

Die Mehrheit der Konzerte war für den eigenen Gebrauch bestimmt, und in sehr vielen Fällen sind auch Aufführungsdaten bekannt. Als nächste Ausführende kam für Mozart sicher seine Schwester Nannerl in Betracht. Von sechs Konzerten ist bekannt, daß sie zunächst eben nicht für den eigenen Gebrauch bestimmt waren, nämlich:

Konzert für drei Klaviere KV 242, für die Familie Lodron;

Konzert KV 246, für die Gräfin Lützow;

Konzert KV 271, für die französische Pianistin „Jenomy" (Jeunehomme);

Konzerte KV 449 und 453, für Mozarts Schülerin Babette Ployer;

Konzert KV 456, für die Pianistin Maria Theresia Paradis.

Alle Konzerte der Jahre 1782 bis 1786 standen in direkter Verbindung mit seiner Tätigkeit als Klavierspieler in öffentlichen Konzerten („Academien").

II. Auftakt – das Konzert D-dur, KV 175
und das Rondo KV 382

Das Konzert KV 175 ist Mozarts erstes „eigenes" Klavierkonzert. Ihm gehen die vier *Pasticcio*-Konzerte und die drei Bearbeitungen von Sonaten Joh. Chr. Bachs voraus.

Die Idee, Klaviersätze anderer Meister zu konzertanten Werken umzugestalten, ist wohl einzig in der Geschichte. Es ist m.E. mehr als wahrscheinlich, daß Leopold Mozart seinen Sohn auf die Idee einer solchen Bearbeitung gebracht hat. Wolfgang hatte ja schon – laut Bericht von Andreas Schachtner – als kleines Kind versucht, ein Klavierkonzert zu schreiben, und dann wahrscheinlich alsbald festgestellt, daß dazu etwas mehr an Erfahrung und Kenntnis erforderlich war als zum Komponieren eines einfachen 16-taktigen Menuetts.

Nach der Komposition der *Pasticci* vergingen noch mehr als sechs Jahre, bis Mozart sich erneut an ein Klavierkonzert heranwagte. Aber in diesen Jahren hat er sich die nötigen Fähigkeiten auf allen Gebieten erworben: Kammermusik, Orchestermusik, Oper und Kirchenmusik. Konzertante Sätze finden sich in dieser Zeit nur ganz wenige; vereinzelt kommen sie jedoch in Cassationen und Serenaden vor, meistens mit Violine als Soloinstrument.

Es ist geradezu symbolisch, daß Mozarts erstes Konzert für ein Tasteninstrument konzipiert wurde, und zwar zu einer Zeit, als er täglich als *Geiger* beschäftigt war; seit 1769 war er ja unbesoldeter, seit 1772 besoldeter Konzertmeister.

In mehrerer Hinsicht nimmt das D-Dur Konzert in Mozarts Schaffen eine Sonderstellung ein. Die Orchesterbesetzung, außer den üblichen Streichern, Oboen und Hörnern auch Trompeten und Pauken umfassend, ist zwar in frühen Sinfonien Mozarts in D-dur nicht ungewöhnlich, in seinen Konzerten jedoch ein Einzelfall. Der vom Solisten ausgeschrittene Tonumfang beschränkt sich auf ‚A bis d'''‚ weicht also von dem auch in den frühesten Klavierwerken von Mozart eingesetzten Tonmaterial ab.

Es bleibt rätselhaft, warum Mozart sich in diesem Konzert so ausdrücklich und auffällig zurückgehalten hat. Es bieten sich zwei Erklärungsmöglichkeiten an. 1) Das Werk ist für einen bestimmten Interpreten gedacht, der eben über ein Instrument mit diesem beschränkten Tonumfang verfügte; 2) Das Werk – dessen Autograph seit 1860 nicht mehr auffindbar ist – ist nicht in der ursprünglichen Form, sondern in einer Überarbeitung überliefert. Der Vergleich der Takte 84 und 86 mit der Parallelstelle 200 und 202 lehrt, daß an der ersten Stelle bewußt eingegriffen worden ist, um das e''' zu vermeiden. Eine dritte Eigenheit des Werkes ist die Tatsache, daß der Finalsatz in der Form eines Sonatenhauptsatzes geschrieben ist; daß ist auch der Fall im (vermutlich im gleichen Jahr komponierten) Violinkonzert B-dur, KV 207. Und es sind gerade diese beiden Sätze, die Mozart später durch andere ersetzt hat, zu einer Zeit, als sich seine Vorstellungen über die Struktur eines Solokonzertes deutlicher profiliert hatten. Das Finale von KV 207 wurde durch das Rondo KV 269/261a ersetzt und das Finale des Klavierkonzertes durch einen Satz, der Elemente des Rondos und des Variationensatzes kombiniert. Der erhebliche stilistische Unterschied zwischen den ersten beiden Sätzen und dem neun Jahre später hinzukomponierten „Rondo" (KV 382) scheint Mozart nicht gestört zu haben.

Der erste Satz

Dieser Satz zeichnet sich durch ungewöhnliche Phrasenbildung aus. Nirgends erscheinen die üblichen achttaktigen Perioden, was bereits im ersten Ritornell erkennbar wird. Hauptthema und Überleitung umfassen fünf Dreiergruppen, zweites Thema und Nachsatz zusammen vier Gruppen von fünf, drei, vier und fünf Takten. Im übrigen zeigt der Aufbau schon die wesentlichen Strukturmerkmale der späteren Konzerte, wenn auch in kleinerem Rahmen: Die Soloexposition erweitert die im ersten Tutti präsentierten Phrasen und bewirkt die Modulation zur Dominante; die Durchführung geht vom Hauptthema aus, bringt im übrigen aber hauptsächlich figuratives Material.

Die kurzen Ritornelle erscheinen an den auch in den späteren Konzerten charakteristischen Stellen: am Ende der Exposition, am Ende der Reprise und nach der Kadenz. Das erste Tutti ist dem Umfange nach ein Ritornell, bringt aber andeutungsweise bereits das zweite Thema, so daß Mozart hier sozusagen schon auf dem Wege zu einer „Orchesterexposition" ist.

Der zweite Satz

Die scheinbar ungewöhnliche Formulierung des Tempos „Andante ma un poco adagio" gibt Anlaß zu zwei Erwägungen:

1. Da Andante an sich im 18. Jahrhundert noch ein eher fließendes Tempo bezeichnet, ist ein Zusatz wie „un poco adagio" gerade dann vonnöten, wenn der Komponist den fließenden Charakter eben nicht verlangt. So heißt es auch im umgekehrten Falle „Andante più tosto allegretto".

2. Gerade durch diesen nicht-fließenden Charakter hebt sich der Satz deutlich vom etwas draufgängerischen Allegro ab. Es wird dann auch begreiflich, daß Mozart in Mannheim im Februar 1778, kurz nachdem er dieses Konzert dort gespielt hatte, das Andante in der Arie „Non só d'onde viene" (KV 294) zweimal zitiert. Das Tempo der Arie „Andante sostenuto" stellt charakterlich einen direkten Bezug her und bestätigt unsere Interpretation.

KV 175, 2. Satz, Anfangsthema

Konzertarie KV 294, Anfangsthema

KV 175, 2. Satz, Takt 66–70

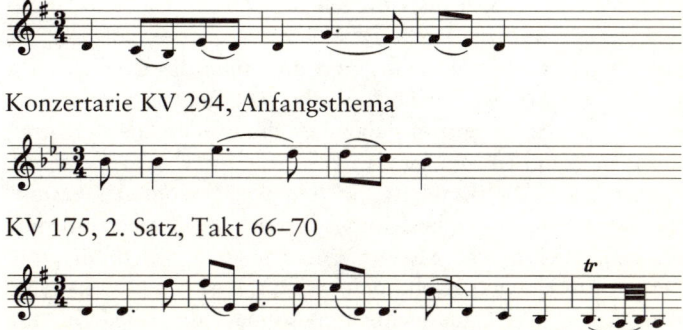

KV 294, Takt 123–131 (Singstimme)

Der Satz beruht auf dem Prinzip des Sonatenhauptsatzes, und auch hier werden im ersten Tutti die Themen in knappster Weise nebeneinander gestellt. Der Durchführungsteil beschränkt sich fast gänzlich auf eine Überleitung auf einem Orgelpunkt *d*; wie eine Kadenz im wesentlichen eine Erweiterung des 6/4-Akkordes ist, so ist hier die „Durchführung" nichts als eine Erweiterung der Dominantenharmonie. Im ersten Ritornell sind die beiden Themen nur angedeutet: Das erste hat nicht einmal einen Abschluß, an das zweite schließt sich gleich ein kurzer Nachsatz an.

Der dritte Satz

Weist das Andante in die (Mozartsche) Zukunft, so ist das Finale mehr noch als der erste Satz mit der Vergangenheit verbunden. Ein kanonisch geführtes Hauptthema würde man eher in einem Barockkonzert erwarten – in den Mozartschen Klavierkonzerten steht es wohl einzig da.

Zwei andere Merkmale dieses Satzes seien noch hervorgehoben: Erstens spielt die Unregelmäßigkeit in der Periodenbildung wiederum eine Rolle. Das Hauptthema besteht zwar aus vier- bzw. zweitaktigen Gruppen und auch die Überleitungsphrase und das zweite Thema sind ganz regelmäßig achttaktig gebaut, die Schlußgruppe aber besteht wieder aus drei dreitaktigen Gruppen.

Das zweite Merkmal ist die Art, wie sowohl das Hauptthema als auch die Überleitungsphrase vom Klavier umspielt werden. Hier macht Mozart von den spezifischen Möglichkeiten des Klaviers Gebrauch, wodurch sich seine späteren Konzerte generell auszeichnen. Besonders die Wiederholung der Überleitung durch das Klavier würde man kaum als eine „Umspielung" erkennen, hätte man nicht die gleiche Phrase vom Orchester vorher gehört; sie hat eine vollkommen selbständige Gestalt. Es ist dies eine Technik, auf die Mozart in späteren Konzerten immer wieder zurückkommen wird und die man insbesondere in den Konzerten KV 449 (3. Satz), KV 450 (1. Satz) und KV 488 (1. Satz) nachweisen kann.

Das „Neue Rondo", D-dur, KV 382

Daß Mozart nach seinem Umzug nach Wien das ursprüngliche Finale durch ein „neues Rondo" ersetzte, steht vielleicht in Zusammenhang mit seinem Wunsche, sich beim Wiener Publikum beliebt zu machen. Und das ist ihm offensichtlich gelungen; schreibt er doch am 23. März dem Vater, daß das Rondo „hier so großen Lärm macht"; und bei einer Aufführung am 11. März 1783 mußte er das Rondo sogar wiederholen. Mozart hat das Konzert noch in Mannheim am 13. Februar 1778 gespielt. Gerade in dieser Zeit aber muß bei ihm der Gedanke gereift sein, daß in den konzertanten gesellschaftlich eher beliebten Gattungen die lockerere Rondoform geeigneter ist als die anspruchsvolle Form des Sonatenhauptsatzes. Nachdem er auch das Finale des B-dur Violinkonzertes durch ein Rondo ersetzt hatte, ist er niemals mehr von der Regel abgewichen, ein konzertantes Werk *nicht* mit einem Sonatenhauptsatz zu beschließen; auch für die mit dem Konzert verwandten Kammermusikgattungen (Klaviertrio, -quartett und -quintett) gilt die gleiche Regel: das Finale ist immer in Rondo- oder Variationenform geschrieben. Es ist vermutlich eben diese klare Trennung der Formprinzipien gewesen, die es Mozart in späteren Jahren ermöglichte, Elemente des Rondos und des Sonatenhauptsatzes zu verquicken, wie etwa im dritten Satz des Konzertes B-dur, KV 595.

Es ist nicht zu leugnen, daß das Thema in seiner harmonischen Simplizität zunächst einigermaßen enttäuscht: sechzehn Takte lang hört man zwei Harmonien, Tonika und Dominante, während dieser Takte haben die Bratschen ausschließlich den Ton a' zu spielen. Wären da nicht die Moll-, die Adagio- und die Schlußvariation im 3/8 Takt, so könnte man dieses Finale wohl kaum als würdiges Schlußstück nach dem Allegro und Andante des Jahres 1773 anerkennen. Übrigens ist es durch die Verknüpfung von Rondo- und Variationselementen eine Seltenheit in Mozarts Œuvre. Er verwirklichte sie einige Jahre später in kunstvoller Weise im Mittelsatz des Konzertes Es-dur, KV 482, und im Finale des Konzertes c-moll, KV 491.

III. Erste Gruppe Salzburger Konzerte

Die drei Konzerte, die im Januar, Februar und April 1776 entstanden sind, haben zweierlei gemeinsam: die Orchesterbesetzung und die äußere Form. Die Besetzung beschränkt sich auf die traditionelle Kombination von zwei Oboen, zwei Hörnern und Streichern.* Die ersten Sätze weisen alle die Form des Sonatenhauptsatzes mit knappen Ritornellen und relativ kurzen, nicht-thematischen, bestenfalls motivischen Durchführungsteilen auf. Die Mittelsätze basieren ebenfalls auf diesem doppel-thematischen Prinzip, und auch hier sind die Durchführungsteile knapp, mit spärlichen Bezügen zur Thematik der jeweiligen Sätze; im zweiten Satz von KV 238 tritt an die Stelle eines solchen Durchführungsteiles eine Überleitung von nur vier Takten. Die Finalsätze sind ausschließlich in großer Rondoform geschrieben; dieses Prinzip ist nun ein für allemal festgelegt, mit Ausnahme der Variationensätze in KV 453 und 491.

Soweit die Übereinstimmungen. Aber auch in diesen relativ anspruchslosen Werken gibt es schon wesentliche Unterschiede und individuelle Züge. Da sind zunächst die Flöten, die im Mittelsatz von KV 238 die Oboen ersetzen – eine Tatsache, die gewiß damit zusammenhängt, daß Mozart das es''' für die Oboe vermeiden wollte. Aber die Flöten verleihen dem Satz (Andante un poco adagio!) gleichzeitig eine besondere Farbe.

Während Mozart in den Briefen immer auf die Widmungsträgerinnen hinweist, wenn er von den Konzerten in C- und Es-dur spricht, beschränkt er sich beim B-dur Konzert auf die Erwähnung der Tonart. Vielleicht darf man hieraus den Schluß ziehen, daß er dieses Konzert für den eigenen Gebrauch bestimmt hat und natürlich für den der Schwester.**

---

* Diese Besetzung begegnet in den späteren Klavierkonzerten nur noch in KV 271, 414/385p und 449, wobei in den beiden letzten Werken die Mitwirkung der Bläser fakultativ ist.
** Noch im Jahre 1782 schrieb Mozart, niemand außer der Schwester dürfe ihm das Rondo KV 382 nachspielen.

Im Falle des C-dur Konzertes, das „für die litsau" (Gräfin Lützow) bestimmt war, haben wir es mit dem Einzelfall zu tun, daß Mozart in eine Kopie der Solostimme die Ausarbeitung der Continuostimme in den Tuttiteilen eingetragen hat. Das beweist indessen zweierlei: Erstens, daß Mozart das Mitspielen des Solisten in den Tuttiabschnitten als etwas Selbstverständliches betrachtete; zweitens, daß er „der litsau" eine solche Ausarbeitung nicht zutraute. Es wäre übrigens verfehlt, diese Aussetzung als Modell für die späteren, insbesondere die „Wiener" Konzerte anzusehen. Diese unterscheiden sich sowohl in struktureller Hinsicht als auch in der Orchesterbehandlung wesentlich von den früheren (vgl. S. 56).

1. Das Klavierkonzert B-dur, KV 238

Mit den sehr bescheidenen, oben schon angedeuteten Mitteln, hat Mozart ein vollkommen gelungenes Werk geschaffen, das sich in jeder Hinsicht mit den Konzerten etwa eines Johann Christian Bach messen kann, außerdem mancherorts schon ganz individuelle Züge aufweist. Das Konzert verzichtet völlig auf äußeren Glanz, was schon daraus hervorgeht, daß alle Sätze piano schließen – ein Unicum in Mozarts Klavierkonzerten; es ist offenbar für eine Aufführung in kleinem Kreis bestimmt. Schon offenbart sich das Prinzip der *orchestralen Kammermusik*, das wir für die späteren Konzerte als kennzeichnend betrachten (s. S. 74).

Der erste Satz

Das nur 33 Takte umfassende Eröffnungsritornell enthält bereits beide Themen, naturgemäß in der Haupttonart. Die Verbindungstakte zwischen den beiden Themen (12–17) sowie die Schlußgruppe (29–33) sind aber derart bescheiden, daß die Bezeichnung „Orchesterexposition" hier noch nicht am Platz wäre. Auch das Schlußritornell und die beiden Mittelritornelle sind sehr knapp gehalten: je 11, 11 und 4 Takte. Die kurze Durchführung gehört zum Typus der „Fantasie-

Durchführung" (vgl. dazu die Einleitung), bei der nur die Schlußtakte des Orchesterritornells eine bescheidene Rolle spielen. Geistreich ist übrigens die Art, wie Solo und Orchester sich den Gedankenfluß teilen, manchmal durch neue Motive (T.99), manchmal bereits Gehörtes fortführend (T. 104–105, 120–123).

Der zweite Satz

Das der Vokalmusik besonders nahestehende „Andante un poco adagio" (zum Vergleich wäre zum Beispiel die Arie *Si mostra la sorte,* KV 209 heranzuziehen) zeigt gleich am Anfang einige Eigentümlichkeiten: gedämpfte Geigen, pizzicato spielende Bratschen und Bässe, Flöten statt Oboen. Der Satz, obwohl im 3/4 Takt notiert, verläuft im wesentlichen in einem 9/8 Metrum; nicht-triolische Achtel kommen überhaupt nicht vor, 16tel und 32tel nur vereinzelt (Takt 32, 33, 51, 69, 70). Es sei außerdem auf die differenzierte Artikulation in den Takten 41–44 und 78–81 hingewiesen, die die zahlreichen Verästelungen in Werken aus der Reifezeit schon vorwegnimmt.

Der zweifach-thematische Aufbau scheint einen Sonatenhauptsatz anzukündigen; an die Stelle eines Durchführungsteils tritt jedoch, wie schon oben angedeutet, eine viertaktige Überleitung. Dieses Formprinzip findet sich des öfteren in langsamen Sätzen von reiferen Werken, wie etwa im Streichquartett C-dur, KV 465, oder dem Streichquintett g-moll, KV 516; die „fehlende" Durchführung wird dann meistens von erweiterten Überleitungen oder einer ausführlichen Coda kompensiert.

Der dritte Satz

Ebenso wie die Finali der Violinkonzerte KV 211, 216, 218 und 219 des Jahres 1775 ist der dritte Satz in Form eines ausgedehnten Rondos geschrieben. Die Buntheit, die namentlich die Schlußsätze des Konzerte KV 216 und 218 kennzeichnet, weicht hier einer größeren Einheit: nicht ein einziges Mal tritt eine Änderung der Taktart oder des Tempos auf, die Abwechslung beruht ausschließlich auf den verschiedenartigen Themen. Der Tonartenplan ist ebenso einfach wie logisch, Grundlage sind einfache harmonische Funktionen: B-dur, F-dur, B-dur, g-moll, zu d-moll führend, B-dur.

Bemerkenswert sind die – immer noch relativ wenigen – Takte, in denen die Bläser eine quasi „obligate" Funktion haben: 55–59, 207–210.

2. Das Konzert C-dur, KV 246

Das für Antonia Gräfin Lützow komponierte Konzert in C-dur unterscheidet sich in struktureller Hinsicht kaum vom vorhergehenden in B-dur, KV 238. Die Tonartenrelationen in den drei Sätzen sind die gleichen. Auch hier ist das Finale in Rondoform geschrieben und der langsame Satz basiert auf der Sonatenhauptsatzform, diesmal sogar mit einem Durchführungsteil von 17 Takten.

Wenn auch das Konzert in technischer Hinsicht relativ anspruchslos ist, so hat Mozart selbst es dennoch für wertvoll genug gehalten, um es auf die Reise nach Mannheim (1777) mitzunehmen, zusammen mit den Konzerten KV 175, 238 und 271. Außerdem hatte es den Vorteil, daß es auch von anderen Klavierspieler(inne)n in relativ kurzer Zeit eingeübt werden konnte. Aus heutiger Sicht könnte man sagen, für junge Pianisten, die sich an die Konzerte Mozarts heranwagen, sei dies wohl das ideale Anfangsstück.

Wie in den Konzerten KV 238, 242 und 271 fängt der erste Satz mit einem auf dem Hauptdreiklang basierenden Thema an. Von irgendwelcher Beziehung zwischen den Sätzen kann hier jedoch nicht die Rede sein, sowohl das Andante als auch das abschließende Tempo di Menuetto weisen in der Hauptsache diatonische und nicht akkordische Thematik auf.

Der erste Satz

Das Allegro aperto ist insofern interessant als es gleich im ersten Ritornell zwei thematische Gedanken aufweist, die beide in der Soloexposition wiederkehren, dort aber um ein drittes, dem „zweiten" vorangehenden Thema erweitert werden. Außerdem kommt ausnahmsweise nach dem Schlußtriller das Soloklavier noch einmal in bescheidener Weise zu Wort – eine Idee, die Mozart im Konzert KV 271 aufgreifen und konsequent zu Ende denken wird.

Der zweite Satz

Obgleich wir noch weit entfernt sind von den Konzerten, die „ganz mit blasenden Instrumenten obligirt" sind (begleitet werden), enthält doch dieser Satz, ebenso wie das Finale von KV 238, einige Takte, in denen die Oboen selbständig geführt sind, nämlich in Takt 9–12. Bezeichnend übrigens, daß Mozart die von den Oboen zu spielenden Noten auch in die Continuostimme eingetragen hat – man ist geneigt anzunehmen, daß er, wie später bei den Konzerten KV 413/387a, 414/385p, 415/387b und 449, auch hier an die Möglichkeit einer Aufführung „a quattro", d.h. mit vier Streichern, gedacht hat, denn auch hier sind die Bratschen nirgends in zwei Stimmen geteilt. Wie schon erwähnt, ist der Satz in der Form eines Sonatenhauptsatzes geschrieben, und zwar mit einer kurzen, teilweise motivischen Durchführung.

Der dritte Satz

Rondeau – Tempo di Menuetto: Ein Rondo im Menuett-Tempo beschließt auch das Konzert für drei Klaviere, das Fagottkonzert, das erste Flötenkonzert; in den Klavierkonzerten werden wir ihm nur noch ein einziges Mal begegnen, nämlich im Konzert F-dur, KV 413/387a.

Hier handelt es sich um ein themenreiches Rondo, in dem der Refrain das erste Mal vollständig wiederkehrt, das zweite Mal etwas verkürzt und das dritte Mal variiert und durch eine Coda erweitert. Ein abschließendes Motiv aus den Takten 24–28 führt an mehreren Stellen zu überraschenden Wendungen. Hier liegt der Keim einer für den späten Mozart charakteristischen Technik: Einem anscheinend nebensächlichen

Motiv wird Material entlehnt, das dem Verlauf eines Satzes eine ganz neue Dimension zu geben vermag.

So ist es Mozart gelungen, im Finale dieses „anspruchslosen" Konzerts durch ein geistreiches Spiel mit Motiven eine neue Annäherung an die traditionelle Rondoform zu gewinnen. Der dadurch entstehende, fast kaleidoskopische „Szenenwechsel" findet ein Gegenstück im ebenfalls völlig unkonventionellen Rondo-Finale des Violinkonzertes D-dur KV 211.

3. Das Konzert für zwei bzw. drei Klaviere F-dur, KV 242

Das ursprüngliche Werk war als Komposition für drei Spieler, oder besser: Spielerinnen, konzipiert, enthält dabei aber aus rein äußerlichen Gründen drei nicht ebenbürtige Solopartien. Das lag daran, daß das Werk für drei Mitglieder der gräflichen Familie Lodron bestimmt war: Gräfin Antonia Lodron und ihre Töchter Aloisia und Josepha*. Die beschränkten Fähigkeiten der damals (1776) elfjährigen Tochter Josepha veranlaßte Mozart, ihr eine äußerst bescheidene Partie zuzuweisen. Das Resultat ist, wie zu erwarten, unbefriedigend und es ist begreiflich, daß Mozart später beschloß das Konzert für zwei Klaviere umzuarbeiten – ein Vorgehen, das vermutlich zur gleichen Zeit, wie die Komposition des Konzertes KV 365/316a stattfand. Nun steht zwar die Entstehungszeit dieses Werkes nicht fest; deutlich wird aber, daß Mozart für das Es-dur Konzert mit zwei ebenbürtigen Solisten rechnete und daß er doch wohl am ehesten an die hochbegabte und geliebte Schwester als Interpretin einer der beiden Solostimmen gedacht haben wird. In den zwei Jahren zwischen Mozarts Rückkehr aus Paris und seiner Niederlassung in Wien standen sie kontinuierlich in engem Kontakt.

Auf der Reise nach Mannheim hatte Mozart das Konzert KV 242 noch ein paarmal in der ursprünglichen Gestalt zur

---

* Aloisia war zwar nur wenig älter (13 Jahre), scheint aber doch schon größere Fortschritte im Klavierspiel gemacht zu haben, denn in der Fassung *a 3* stellen die 1. und die 2. Solostimme die gleichen Anforderungen an die Spieler.

Aufführung gebracht. Da er auf der Reise nach Paris, sowie während der Heimreise weder Anlaß noch Zeit gehabt haben dürfte, die Umarbeitung vorzunehmen, wird die Neugestaltung der Solopartien wohl frühestens 1779 stattgefunden haben. Auf jeden Fall betrachtete es Mozart selbst in der neuen Fassung als vollwertiges Werk; nachdem er sich in Wien niedergelassen hat, bittet er am 27. Juni 1781 um Übersendung der *beiden* Werke aus Salzburg, damit er sie mit seiner Schülerin Josepha von Auernhammer zur Aufführung bringen kann. Die folgenden Bemerkungen beziehen sich denn auch auf die zweite Fassung. Nur an sehr wenigen Stellen hat die Umarbeitung Einfluß auf die innere Struktur gehabt (s. S. 153–144).

Das F-dur Konzert schließt sich der Form nach den anderen Konzerten des Jahres 1776 aufs engste an. Es ist dem Konzert KV 246, das ebenfalls zunächst nicht für den eigenen Gebrauch bestimmt war, engstens verwandt: auch hier ist der Mittelsatz (Adagio) ein Sonatenhauptsatz mit kurzer Durchführung, und auch hier ist das Finale ein Rondo im Tempo di Menuetto. Da das Abwechseln der Soloinstrumente zwangsläufig eine größere Ausdehnung des Konzerts zur Folge hat, ist auch die Orchesterexposition länger als in den vorhergehenden Konzerten. Sie umfaßt 49 Takte und steht damit den entsprechenden Abschnitten in den Konzerten KV 271 und 450 nahe. Sie stellt auch beide Hauptthemen vor: das erste in den Takten 1–15, das zweite in den Takten 27–34. Die metrische Struktur des ersten Themas ist sehr ungewöhnlich: 3 + 4 + 3 + 4 Takte, denen ein Abschlußtakt folgt, der gleichzeitig Anfangstakt der Überleitung zum zweiten Thema ist. Dieses ist eine regelmäßige achttaktige Phrase, in 2 + 2 + 4 Takte gegliedert. Die Soloexposition folgt dem Aufbau der Orchesterexposition, mit den üblichen modulatorischen Erweiterungen, die den Einsatz des zweiten Themas in der Dominante (Takt 91) ermöglichen; dieses Thema erfährt eine geringe Erweiterung in den Takten 98–101.

Der zweite Satz

Die Satzbezeichnung Adagio ist in den frühen konzertanten Werken Mozarts noch relativ häufig (siehe beispielsweise die Violinkonzerte KV 207, 216 und 219, das Flötenkonzert KV 285 c: Adagio ma non troppo; außerdem „Andante ma Adagio" im Konzert für 2 Violinen, Oboe und Violoncello KV 190/186E und im Fagottkonzert KV 191/186 e), in den Wiener Jahren wird sie von Andante, Andantino und Larghetto abgelöst und scheint nur noch im Mittelsatz des Klavierkonzertes KV 488 auf.

Während in Streicherkonzerten und, in etwas geringerem Maße, in Bläserkonzerten das Soloinstrument imstande ist, melodische Phrasen in längeren Notenwerten zu produzieren, sind die Tasteninstrumente weitgehend auf Figuration angewiesen. Das ist auch im vorliegenden Adagio der Fall. Dem Charakter nach ist der Satz eine Rokoko-Idylle, einigermaßen dem Typus verwandt, den Mozart später mit Romanze zu bezeichnen pflegte, wie etwa im Konzert d-moll KV 466. Die grundlegende Bewegung in Vierteln wird vor allem vom Orchester getragen; die Partien der Soloinstrumente verlaufen meistens in 16teln und 32steln, wobei zu bemerken ist, daß auch diese Figuration fast immer, sowohl im Legato als auch im Staccato, melodischen Charakter hat.

Der dritte Satz

Nichts kann klarer belegen, wie sehr das Menuett der (höfische) Tanz *par excellence* des 18. Jahrhunderts war, als das Eindringen dieses Tanztypus in Werke, die nun eben *nicht* für den Tanz bestimmt waren: Sinfonie, Streichquartett und -quintett, Sonate und Konzert, ja sogar Vokalmusik (Beispiel: die Arie des Cecillo „Pupille amate", Nr. 21, im dritten Akt des *Lucio Silla*).

Im Laufe der Zeit, und zwar, insoweit es die Sinfonie betrifft, schon *vor* Mozarts Niederlassung in Wien, schrumpfte die Bezeichnung Menuetto zu einem bloßen Titel zusammen für Sätze, die mit dem ursprünglichen Tanzmenuett kaum mehr etwas zu tun hatten. Mit „Tempo di Menuetto" hingegen sind Stücke bezeichnet, deren Tempo demjenigen des damaligen, relativ langsamen Tanzmenuetts zumindest nahesteht (siehe zum Beispiel den Mittelsatz des Trios KV 498 sowie die Arie der Marcellina im 4. Akt von *Le nozze di Figaro*). An der Trennlinie zwischen Mozarts „Salzburger" und „Wiener" Periode steht das Konzert KV 413/387a (s. S. 45), in dem er zum letzten Mal ein Finale im „Tempo di Menuetto" schreibt. Von da an bieten ihm Rondo, Variationen, Sonatenhauptsatz und deren Verquickungen in einer Vielzahl von Tempobezeichnungen die Möglichkeiten, seinen Ideen musikalische Gestalt zu verleihen; an eine bestimmte Taktart ist er dann auch nicht mehr gebunden: der 3/4 Takt scheidet sogar ganz aus, mit Ausnahme der Sonate c-moll, KV 457, deren Finale zwar im 3/4 Takt steht, mit einem Menuett jedoch nichts zu tun hat. Die Ausdehnung dieses Rondos hängt sicherlich mit der Tatsache zusammen, daß mehrere Solisten beteiligt sind. Ein solcher Themenreichtum findet sich bei Mozart kaum in einem Werk für *ein* Soloinstrument – als seltenes Beispiel wäre hier allenfalls das „Tempo di Menuetto" des Violinkonzerts A-dur, KV 219 zu nennen.

IV. Zweite Gruppe Salzburger Konzerte

1. Konzert Es-Dur, KV 271

Obwohl wir von der Klavierspielerin, für die Mozart dieses Konzert schrieb, kaum etwas wissen – hieß sie wirklich Jeunehomme, oder Jenomy bzw. Jenomè, wie sie in den Briefen Mozarts aufscheint? – kennt jeder Musiker oder Musikliebhaber das Konzert KV 271 unter dem Namen „Jeunehomme-Konzert"; sie muß jedenfalls eine selten talentierte Persönlichkeit gewesen sein, denn dieses Konzert ist in jeder Hinsicht, die Instrumentation ausgenommen, außergewöhnlich. Jeder Satz weist eine Reihe von Eigentümlichkeiten auf, wie sie sich in keinem der frühen, vor 1784 komponierten Konzerte sonst finden. Und innerhalb dieser Eigentümlichkeiten herrscht wie man mit einer Variante von Shakespeare's *Hamlet* („there is system in his madness") sagen könnte, Logik.

Es gibt nur einen Komponisten zu Mozarts Zeit, dessen Werke als Modell oder zum mindesten als Anregung für derartige Neuerungen in Frage kämen: Carl Philipp Emanuel Bach. Mozart spricht vor der Begegnung mit den Werken der norddeutschen Meister bei Baron Van Swieten in den Briefen nie von C. Ph. Em. Bach – das tut nur der Vater. Aber mit der Persönlichkeit Bachs war er gewiß vertraut; kein Klavierspieler kam ja ohne dessen „Versuch" aus, außerdem basiert der Schlußsatz des dritten Pasticcio-Konzertes, KV 40, auf einem Stück von C. Ph. Em. Bach. Der immense stilistische Unterschied zwischen der Musik der Bach-Söhne (Joh. Chr. Bach ausgenommen) und der musikalischen Welt des italienisch beeinflußten Süden hat der Verbreitung der Musik C. Ph. Em. Bachs in südlicher Richtung nicht im Wege gestanden.

Wenn auch die strukturellen Prinzipien eines Klavierkonzertes nicht etwa kodifiziert waren, so lassen sich, wie oben gezeigt, für die Konzerte bis KV 449 mühelos einige Regeln aufstellen, denen sie alle entsprechen, von denen aber nun gerade das Jeunehomme-Konzert erheblich abweicht. Und diese Abweichungen sind fast ausnahmslos nur auf C. Ph. Em. Bach zurückzuführen – was übrigens nicht heißt, daß Mozart Bach imitiert hätte; höchstens Bach hat ihn auf Ideen gebracht, die er dann in ganz persönlicher Weise verarbeitet hat. Die erste Auffälligkeit besteht darin, daß das Klavier schon im ersten Tutti solistisch beteiligt ist; diese Verteilung der Tutti- und Solotakte wird zu Anfang der Reprise vertauscht. Beteiligung des Solisten am ersten Ritornell entspricht dabei seine Beteiligung am Schlußritornell nach der Kadenz – ein Vorgang, der nur noch im c-moll Konzert, KV 491, wiederkehrt.

Zum erstenmal wird der Einsatz des Solisten in der Solo-Exposition sozusagen in das Ritornell hineingeschoben, in einigen späteren Konzerten, etwa KV 413 und 450, hat Mozart diese Idee wieder aufgegriffen.

Ungewöhnlich ist auch, daß der Solist sich nach der „Arienkadenz" nochmals hören läßt, und zwar sowohl in der Exposition als auch am Schluß der Reprise; letzteres findet sich nur noch im B-dur Konzert KV 595.

Der zweite Satz ist der erste langsame Konzertsatz, dem Mozart das instrumentale Rezitativ einverleibt hat. Das Schlußrondo wird von einem „Tempo di Minuetto" in As-dur unterbrochen, das an die Stelle des Alternativo tritt, wie später im Es-dur Konzert KV 482 das Andantino. (Die zweimalige Unterbrechung des Finale des C-dur Konzertes KV 415 durch ein Adagio ist in struktureller Hinsicht damit nicht vergleichbar.)

Daß Mozart selbst diesem Konzert besondere Bedeutung beigemessen hat, geht auch aus der großen Anzahl der Eingänge und Kadenzen hervor, die erhalten geblieben sind; offenbar traute er der Frau „Jeunehomme", trotz ihrer besonderen Begabung, in *dieser* Hinsicht nicht allzuviel zu. Indes ist die Kadenz besonders im zweiten Satz in einer derartigen Weise in die Komposition integriert, daß man es kaum wagen dürfte, sich an die Komposition einer neuen zu machen.

Zwei weitere Merkmale des Konzertes sollen noch hervorgehoben werden: Erstens die erstaunliche Gefühlstiefe des zweiten Satzes, der in dieser Hinsicht nur mit Mittelsätzen wie jenen der Klaviersonate KV 280/189e, des Streichquartetts KV 168, sowie der Symphonie concertante für Violine und Viola, KV 364/320 d verglichen werden kann. Insofern ist es wohl nicht allzu gewagt, das Konzert gerade aufgrund dieses Satzes als ein typisches Beispiel des musikalischen Sturm-und-Drang zu bezeichnen.

Das zweite Merkmal ist die etwas verschleierte, aber trotzdem deutlich erkennbare thematische Beziehung zwischen den drei Sätzen. Es handelt sich hier um das zweite Thema des ersten und die Hauptthemen des zweiten und dritten Satzes.

KV 271, Erster Satz, Takt 216–219

ib, Zweiter Satz, Takt 1–3

ib, Dritter Satz, Takt 35

Der Kern dieser drei Themen wird von der Aufeinanderfolge Quinte-Grundton, Quinte-2. Stufe, Quinte-3. Stufe gebildet, wobei zu bemerken ist, daß im zweiten Satz das Thema gleich mit der 1. Stufe und ohne Auftakt beginnt, während das ganze Gebilde im 3. Satz klavieristisch umspielt erscheint. (Höchst bemerkungswert weiterhin, daß gerade diese Tonfolge eines der drei Basismotive des Requiems darstellt!)

Der zweite Satz

Zwei Aspekte dürfen bei diesem Satz nicht übersehen werden: Erstens, daß mit der außergewöhnlichen Gefühlstiefe des Satzes die unregelmäßige Phrasenbildung in direktem Zusammenhang steht; zweitens, daß der Solopart des Satzes ein Schulbeispiel für die These darstellt, daß auch die Tonfolgen in kurzen Notenwerten nicht als Figuration bzw. Ornamentation betrachtet werden sollen, sondern als „schnelle Melodien" zu verstehen sind.

Die Unregelmäßigkeit zeigt sich gleich im ersten Thema, das zwar aus 16 Takten besteht, jedoch nicht aus zwei Gruppen von acht, sondern aus 7 plus 9 Takten. Außerdem wird die zweite Gruppe von einem Rezitativ abgeschlossen; auch stellt sie das Material für das spätere zweite Thema bereit.

Der Soloeinsatz gebärdet sich anfänglich wie ein Kontrapunkt („Doppelmelodie") zur Melodie der ersten Violinen, geht dann jedoch allmählich in eine Umspielung der ursprünglichen Melodie über. In der folgenden Überleitung, die nach zwei modulierenden Orchestertakten einsetzt, spielen die obengenannten Basisintervalle wieder eine bedeutende Rolle.

Der Durchführungsteil ist nicht thematisch, sondern entwickelt den Gedanken des ersten Abschlußritornells weiter.

Es sei noch darauf hingewiesen, daß die in der NMA (V/15/2) abgedruckte Kadenz A kaum als eigenständige Kadenz anzusehen ist, sondern vielmehr als Entwurf zur Kadenz B.

Der dritte Satz

Mit seinen 467 Takten überschreitet das Rondo alle bisherigen Finalsätze in Mozarts Konzerten an Umfang und Bedeutung. Außerdem bewirkt der Einschub des 70-taktigen Menuetto eine wesentliche Verlängerung der Zeitdauer.

Die Form ist diejenige des „großen" Rondos, die auch schon im A-dur Violinkonzert, KV 219, zu finden ist. Die Unterbrechung des schnellen Tempos durch ein langsameres findet sich ebenfalls in Violinkonzerten, nämlich in denjenigen in G-dur, KV 216, und D-dur, KV 218. An die Stelle der rhapsodischen Form jener Finali tritt hier jedoch eine größere Einheit; was das Tempo betrifft, beschränkt sich der Komponist auf Presto bzw. Molto allegro und Menuetto; größere Freiheit weisen üblicherweise nur die Eingänge auf.

2. Konzert für zwei Klaviere Es-dur, KV 365/316a

Das zweite Doppelkonzert ist ungleich reifer und persönlicher als das Konzert in F-dur, und zwar nicht nur, weil es (vermutlich) drei Jahre später komponiert wurde und Mozart inzwischen die hauptsächlich negativen Erfahrungen der Reise nach Mannheim und Paris, die entscheidend auf seine schöpferische Entwicklung gewirkt haben, durchlebt hatte. Nein, es ist vor allem die Tatsache, daß das Werk von Anfang an als Komposition für zwei ebenbürtige Spieler konzipiert war und daß Mozart keinerlei Rücksicht auf irgendwelche beschränkten Fähigkeiten eines/einer Aufführenden zu nehmen brauchte. Schon deswegen liegt es nahe, anzunehmen, daß er zunächst an seine Schwester und sich selbst als Protagonisten gedacht hat – *ihre* Fähigkeiten kannte er ja, und wer käme sonst in Salzburg in Betracht? Nannerl war die einzige Klavierspielerin, von der wir wissen, daß sie überdurchschnittlich begabt war – und eine solche Begabung ist für dieses Werk vonnöten! Man vergleiche etwa die Solostimmen von Konzerten der „Kleinmeister" der Zeit, beispielsweise Wagenseil, Dittersdorf, Benda, ja sogar Joh. Chr. Bach, und es wird sofort klar, daß die Ansprüche, die hier an die Solisten gestellt werden, weit über den Durchschnitt hinausgehen (und auch über die Ansprüche Mozarts eigener Konzerte, das Jeunehomme-Konzert ausgenommen. Einzig allein Carl Philipp Emanuel Bach könnte erneut als Komponist genannt werden, der sowohl im klaviertechnischen als auch im künstlerischen Sinne Vergleichbares vom Interpreten verlangt.

Das Doppelkonzert ist, genau wie die etwas später, in der ersten Wiener Zeit, komponierte zweiklavierige Sonate in D-dur ein *show piece*, ein Stück, das die klaviertechnischen Fähigkeiten der Solisten in den Vordergrund rückt. Ein *show piece* – aber auf welchem Niveau! Die instrumentale Virtuosität entwickelt sich auf der Basis einer edlen und interessanten Thematik und einer ausgewogenen Form. Und auch in der Instrumentierung macht Mozart einen Schritt vorwärts, dem 1784 weitere Schritte folgen werden. Dem traditionellen Ensemble von Streichern, 2 Oboen und 2 Hörnern, dem er im Konzert KV 175 2 Trompeten und Pauken hinzugefügt und in dem er die Oboen im Mittelsatz von KV 238 durch Flöten ersetzt hatte, fügt er jetzt zwei selbständig geführte Fagotte bei. Insofern ist das Konzert sogar eine Art Meilenstein; denn in den Konzerten KV 413/387a und 415/387b sind zwar Fagotte vorgesehen, aber nicht als obligate Instrumente; das Prinzip des Konzertes, das ganz mit obligaten Instrumenten versehen ist, bleibt dem Konzert KV 450 und seinen Nachfolgern vorbehalten.

Der erste Satz

Obgleich dieser Satz, wie alle ersten Konzertsätze Mozarts, gewissen Grundregeln folgt – Modulationsplan, Stellung der Ritornelle, Einführung der Kadenz – ist er alles andere als schematisch aufgebaut. Im Gegenteil, es ist geradezu erstaunlich, in welch ingeniöser Weise die vielen Themen und Motive miteinander verknüpft sind. So bringt das Eröffnungsritornell – das übrigens an Ausdehnung (53 Takte) alle früheren übertrifft – gleich in Takt 30 ein neues Thema, das aber in der Soloexposition nicht erscheint, dafür aber am Schluß des Durchführungsteiles wiederkehrt, nun auf Orchester und Soli verteilt und die Rückkehr zur Reprise vermittelnd.

Das Hauptthema enthält zwei Elemente (Takt 1 f., Takt 5 mit Auftakt), die auch in der Soloexposition auftreten; das sich alsbald anschließende Motiv in Takt 18 leitet, nach B-dur transponiert, den Durchführungsteil ein. In der Reprise ist das Hauptthema mit seiner Erweiterung (nun in es-moll) derart verkürzt – das zweite Thema setzt schon nach 20 Takten ein, im Gegensatz zu den 42 Takten in der Soloexposition –, daß Mozart sich genötigt sieht, im Nachsatz (Takt 253 mit Auftakt) noch einmal darauf zurückzukommen – Proportionen sind ihm heilig!

Der Durchführungsteil ist, abgesehen von den schon genannten Bezügen zum Eröffnungsritornell, hauptsächlich eine Phantasie-Durchführung – und es sind gerade die neuen

Elemente, die dann wieder das Material zur Kadenz liefern, die, ebenso wie im Konzert KV 242, wieder ausgeschrieben werden mußte).* Das Ritornell, das zur Kadenz führt, nimmt bezug auf die Takte, die im Eröffnungsritornell das zweite Thema vorbereiten; das Schlußritornell ist identisch mit den letzten zwölf Takten des Eröffnungsritornells, wodurch der Satz, nach all den unerwarteten Eskapaden, seinen logischen und harmonischen Abschluß erhält.

Schon diese summarische Übersicht zeigt, daß Mozart mit diesem Konzert ganz andere strukturelle Ziele verfolgte als mit den früheren; solche unerwartete Verschränkungen der einzelnen Bauelemente wären in Konzerten wie etwa KV 238 oder 246 völlig undenkbar gewesen. Und die Idee, den beiden Partnern – Orchester und Solisten – je ein eigenes „zweites" Thema zuzuweisen, wird auch in Zukunft Früchte tragen.

Der zweite Satz

Nach dem komplizierten, aber durchaus nicht kompliziert klingenden ersten Satz wirkt das Andante wie eine idyllische Oase. Ebenso wie im ersten Satz haben die sechs Blasinstrumente eine *selbständige* Rolle, welche die Basis bietet für die spätere *konzertierende* Funktion, die ihnen, vom B-dur Konzert KV 450 an, zugewiesen und auf die Mozart in den ersten vier Konzerten der Wiener Zeit zunächst verzichten wird.

Der „idyllische" Charakter wird besonders dadurch hervorgerufen, daß der Mittelteil zwar in einer neuen Tonart anfängt (Es-dur), sonst aber die Atmosphäre des ersten Abschnitts eher beibehält als einen Kontrast zu ihm zu bilden. Es ist musikalisches Rokoko in Reinkultur und bringt das, was Mozart von Joh. Chr. Bach gelernt hat, zur höchsten persönlichen Entfaltung.

---

* Man könnte darüber streiten, ob hier von „Eröffnungsritornell" oder von „Orchesterexposition" gesprochen werden muß, für letzteres spricht die Länge, für ersteres die Ungleichheit der Thematik.

Der dritte Satz

Dieser hat die reguläre Form des klassischen großen Rondos, und auch die tonalen Verhältnisse sind durchaus traditionell: das erste Couplet steht in der Dominanttonart und erwartungsgemäß bei seiner Wiederkehr in der Haupttonart; das zweite Couplet bringt sowohl durch die Tonart (Mollparallele) als auch durch den Charakter einen großen Gegensatz.

Entsprechend der Beteiligung zweier Solisten sind Wiederholungen bestimmter Einheiten häufiger als sonst, wodurch der Satz auch eine Ausdehnung erlangt, die über diejenige der früheren Finali (ausgenommen desjenigen des Konzertes KV 271) hinausgeht.

V. Erste Gruppe Wiener Konzerte

Als Beethoven am 15. Dezember 1800 an den Kapellmeister/ Verleger Franz Anton Hoffmeister anläßlich seines Septetts op. 20 schrieb, alle Stimmen seien obligat, er könne nicht mehr anders schreiben, weil er schon mit einem obligaten Accompagnement auf die Welt gekommen sei, faßte er in wenigen Worten die ungeheuer wichtige Entwicklung in der Instrumentalmusik der vorhergehenden etwa drei Dezennien zusammen. Es handelte sich um eine doppelte Emanzipation: Es wurde sowohl der Möglichkeit, einzelne Instrumente wegzulassen, als auch der Freiheit, sie durch andere zu ersetzen, ein Ende gesetzt. Das hing außerdem mit zwei wichtigen Phänomenen zusammen: Einerseits mit den Möglichkeiten, welche die neuen, stärker besetzten Orchester – allen voran das Mannheimer Orchester – den Komponisten boten, andererseits mit der zunehmenden Individualisierung der musikalischen Aussage.

Daß Mozarts kompositorisches Schaffen ein wichtiges Glied in dieser Entwicklung vom „accompagnement libre" zum „obligaten Accompagnement" bildete war Beethoven bewußt. Die Konzerte, die Mozart in den ersten Jahren nach seiner Niederlassung in Wien komponierte, sind die letzten, die dem alten Prinzip der freien Verwendung von Blasinstrumenten verpflichtet waren. Bei dreien dieser Konzerte hat ein kommerzieller (oder, etwas milder ausgedrückt: gesellschaftlicher) Aspekt mitgespielt, wie aus Mozarts eigenen Äußerungen unmißverständlich hervorgeht, beispielsweise aus einem Brief vom 28. 12. 1782 an den Vater: „Die Concerten sind eben das Mittelding zwischen zu schwer und zu leicht – sind sehr Brillant – angenehm in die Ohren – Natürlich, ohne in das leere zu fallen – hie und da – Können auch Kenner allein satisfaction erhalten – doch so – daß die nichtkenner damit zufrieden sagen müssen, ohne zu wissen warum".

Beim vierten Konzert KV 449, sind solche geschäftlichen Interessen nicht nachweisbar, doch macht Mozart in seinen

Briefen einen klaren Unterschied zwischen diesem, eher für ein kleines Orchester geschriebenem Werk und den gleich darauf folgenden großen Konzerten.

Man fragt sich, wie ernst es Mozart nun eigentlich mit der freien Verwendung der Blasinstrumente gemeint hat. In den Konzerten in A-Dur, KV 414/385 p, und in Es-Dur, KV 449, beschränken sich die Bläserstimmen auf die klassischen zwei Oboen und zwei Hörner. Aber im zweiten Satz des Konzertes in F-Dur, KV 413/387 a, treten zwei Fagotte hinzu, und im Konzert in C-Dur, KV 415/387 b, außerdem zwei Trompeten und Pauken – haben wir es dann nicht mit einem Widerspruch zwischen kommerziellen Absichten und künstlerischen Intentionen zu tun? Wer möchte auf diese Instrumente verzichten, zumal sie im dritten Satz des C-dur Konzertes an zwei Stellen so sehr hervortreten (Takt 28–30 und 180–182), daß man es fast als einen Mangel empfindet, wenn sie nicht mitspielen? Dieser Zwiespalt zeigt sich noch in anderer Weise. Die Bedeutung und Ausdehnung der Eröffnungsritornelle in den ersten Sätzen zeigen, daß Mozart sich innerlich schon mit einem neuen Konzept des Konzertes befaßt, das sich wesentlich von dem der früheren unterscheidet (mit Ausnahme, wie schon oben gezeigt, des Konzertes Es-dur, KV 271). In den Konzerten KV 414/385 p und 413/385 p umfaßt es 63 Takte, in KV 413/387 a 53 Takte, denen sich noch vier Takte, in die der Beginn des Solos eingeschoben wird, anschließen. Somit wäre die Bezeichnung „Orchesterexposition" hier durchaus gerechtfertigt.

Etwas Leichtes zu schreiben, gehört wohl zu den schwierigsten Aufgaben des Komponisten. Die Komposition der drei Konzerte des Winters 1782/83 ist Mozart denn auch keineswegs leicht von der Hand gegangen. Das wird durch zwei Fakten belegt: zum einen gibt es zum ersten Satz des A-dur Konzertes ziemlich ausführliche Skizzen, sowie zum Mittelsatz des C-dur Konzertes einen (später verworfenen) Entwurf, der dann noch im Rondo nachwirkt – für Mozarts Verfahrensweise durchaus ungewöhnlich. Zum anderen ist die Gestaltung der Finalsätze – obwohl auf dem Prinzip des Rondos basierend – alles andere als schematisch; die Vielfalt der strukturellen Möglichkeiten, die Mozart hier erprobt hat, ist geradezu erstaunlich. Insbesondere das Rondo des A-dur Konzertes weist eine komplizierte Bauart auf, die aber gleichzeitig „logisch" und „natürlich" ist, so daß die Komplexität als solche dem Hörer gar nicht bewußt wird.

Relativ traditionell sind die ersten Sätze, wobei zu bemerken ist, daß die Durchführungsteile der Konzerte in A-dur und F-dur der barocken Tradition der „Episode" noch sehr nahe stehen, während im C-dur Konzert das Orchester Bezug nimmt auf das Hauptthema und somit einen Schritt in Richtung einer klassischen Durchführung macht.

Zwei der langsamen Sätze basieren ebenfalls auf dem Prinzip des Sonatenhauptsatzes, wobei festzustellen ist, daß der Mittelsatz des A-dur Konzertes seine richtige Durchführung enthält; im Larghetto des F-dur Konzertes kann nicht von einer Durchführung gesprochen werden, sondern nur von einer ausführlichen Rückleitung, vornehmlich über einen Orgelpunkt auf der Dominante. Das Andante des C-dur Konzertes ist wohl eher als dreiteilige Form mit ausführlicher Coda aufzufassen.

Ein Merkmal aller drei Konzerte ist der große Spielraum, der den schöpferischen Fähigkeiten des Solisten gewährt ist. Nicht nur wird in sieben der neun Sätze an der üblichen Stelle eine Kadenz verlangt, es sind an ungewöhnlich zahlreichen Stellen „Eingänge" erforderlich, d.h. knappe, improvisatorische Einschübe, im Sinne kurzgefaßter Kadenzen; zu beidem sind zahlreiche Ausarbeitungen von Mozarts Hand überliefert. Daraus lassen sich zwei Schlüsse ziehen: entweder hat Mozart mit diesen Konzerten auch ein nicht ausdrücklich von ihm erwähntes didaktisches Ziel verfolgt oder er hat den begabten Liebhabern zusätzliche Möglichkeiten bieten wollen, ihre Fähigkeiten unter Beweis zu stellen.

Aus all diesen spezifischen Merkmalen geht übrigens hervor, daß diese drei Konzerte tatsächlich zusammengehören und daß das Konzert in Es-dur, KV 449, nur in der teilweise freibleibenden Besetzung mit ihnen übereinstimmt; in allen anderen Bereichen steht es völlig für sich.

1. Das Konzert A-dur, KV 414/385p, und das Rondo KV 386

Das A-dur Konzert ist das erste, in dem Mozart schon im Eingangsritornell *drei* Themen vorstellt – ein Vorgang, dem wir in späteren Konzerten noch mehrfach begegnen werden. Dieses dritte Thema erscheint in einem Moment, da man glauben könnte, das Ritornell sei schon zu Ende (Takt 50). Es umfaßt acht Takte, und ihm folgt sogleich die kurze Schlußgruppe (Takt 58–63), die das Ritornell – das wirklich den Namen Orchesterexposition verdient – abschließt. Ebenso wie die späteren dritten Themen ist es tonal gebunden; es erscheint weder in der Soloexposition noch im Durchführungsteil, wohl aber in gleicher Tonart in der Reprise und in der kürzeren der beiden Kadenzen, die Mozart zu diesem Satz niedergeschrieben hat. Dadurch, daß Mozart in Takt 252 das dritte Thema wieder aufgreift, wird eine Verkürzung der Überleitung ausgeglichen.

Aufbau des ersten Satzes

a	Orchesterexposition	1–63	d	Durchführungsteil	152–195
	1. Thema	1–17	e	Ritornell: Anfang der	196–203
	Überleitung	17–32	f	Reprise	196–283
	2. Thema	33–50		1. Thema, Solo	204–214
	3. Thema	50–58		Abschluß des	
	Schlußgruppe	58–63		Orchesters	214–217
b	Soloexposition	64–145		Überleitung	
	1. Thema	64–82		(kürzer als in der	
	Abschluß des Orchesters,			Exposition)	218–232
	Überleitung und			2. Thema	233–252
	Modulation	86–114		3. Thema und	
	2. Thema, erst nach			Schlußgruppe	252–283
	vier Takten vom		g	Ritornell	283–290
	Solisten aufgegriffen		h	Kadenz	
	und unmerklich in		i	Schlußritornell, den	
	den Nachsatz			Takten 58–63	
	übergehend	115–145		entnommen,	
c	Ritornell	145–152		aber erweitert	291–298

Der zweite Satz

Das A-dur Konzert ist das erste Konzert, das Mozart im Jahre 1782 komponiert hat. Die Ereignisse, die Mozart in dieser

Periode entscheidend beeinflußt haben, sind unzweifelhaft das Erscheinen der kurz zuvor komponierten Streichquartette op. 33 von Joseph Haydn sowie die Begegnung mit der Musik Händels und Bachs, zu der es während der Sonntagsmatineen beim Baron Van Swieten kam. Aber ein anderes Ereignis hat ihn sicher emotional stark berührt: Am 1. Januar 1782 war Johann Christian Bach gestorben; dazu äußert sich Mozart etwas lapidar und dennoch hochachtungsvoll im Brief an den Vater vom 10. April 1782: „sie werden wohl schon wissen daß der Engländer Bach gestorben ist? – schade für die Musikalische Welt!"

Im zweiten Satz dieses Konzertes hat Mozart seinem alten Freund ein kleines Denkmal gesetzt: Das Hauptthema ist der Ouverture *La calamità dei cuori* von Bach entlehnt (es kommt übrigens auch in der noch immer im Hinblick auf die Autorschaft Mozarts umstrittenen Sonate für Klavier zu vier Händen, KV 19d vor, und zwar im dritten Satz, Takt 141–144; außerdem im Trio des Menuetts KV 315g, Nr. 4).

Zu jedem der drei Sätze hat Mozart *zwei* Kadenzen notiert, deren eine jeweils sehr kurz gefaßt ist, während die andere normale Länge hat (vgl. dazu S. 154).

Aufbau des zweiten Satzes

Orchesterexposition	1–20	Durchführung	57–73
1. Thema (mit Halbschluß!)	1–8	Eingang	73
2. Thema	9–18	Reprise	74–96
Codetta	18–20	1. Thema (wiederum	
Soloexposition	21–51	mit Halbschluß)	74–81
1. Thema (auch diesmal		2. Thema (schließt sich	
mit Halbschluß!)	21–28	ohne Überleitung an!)	82–96
Überleitung	29–36	Überleitung und Kadenz	96–98
2. Thema	37–51	Schlußritornell	99–105
Ritornell	51–57		

Der dritte Satz

Das Rondo ist ein Beispiel für die Freiheit, mit der Mozart die Konventionen eines klassischen Rondos modifizierte. Nicht nur haben Orchester und Klavier je einen eigenen Anteil am

Refrain; beide werden nach dem zweiten Couplet unterschlagen (was übrigens in klassischen Rondos öfter vorkommt). Der Klavierrefrain kehrt zwar noch einmal wieder, aber erst *nach* der Kadenz. Außerdem wird die Coda an einer Stelle, wo man es wohl am wenigsten erwartet, von einem Eingang unterbrochen.

Diese Aufzählung der ungewöhnlichen musikalischen Ereignisse – Abweichungen von der Norm, wenn man so will – könnte den Eindruck wecken, daß wir es hier mit der Niederschrift einer Improvisation zu tun haben. In Wirklichkeit handelt es sich jedoch um eine Synthese von Phantasie und Logik auf höchstem Niveau.

Aufbau des dritten Satzes

Ritornell	1–20	2. Couplet,	
Refrain des Orchesters	1–8	führt unmittelbar zur	
Überleitung	8–16	Wiederholung des	
Nachsatz	16–20	1. Couplets	
Refrain des Solisten	21–38	(Wiederholung	
Überleitung, dem Ritornell		des Refrains bleibt aus)	136–166
entlehnt und erweitert	38–50	Nachsatz	166–170
1. Couplet, in dem Elemente		Ritornell	170–181
der Überleitung enthalten		Kadenz	181
sind, d. h.: die Überleitung		Wiederkehr des	
kündigt das 1. Couplet an!	51–80	Solorefrains	182–197
Schlußgruppe	80–84	Eingang	197
Überleitung (Eingang)	84–87	Wiederkehr des	
1. Wiederkehr des Refrains	88–103	Orchesterrefrains,	
nun verteilt auf Solo	88–95	vom Solisten gespielt	198–207
Orchester	96–103	Abschluß des Orchesters,	
Überleitung, zum Teil		fast identisch mit den	
der früheren entlehnt	103–108	Takten 16–20	207–212

Das Rondo A-dur, KV 386

Obgleich heute wieder etwas mehr von diesem Rondo bekannt ist als zur Zeit, da es im Rahmen der NMA veröffentlicht wurde (1960), ist die Partitur auch jetzt nicht ganz vollständig. Jeder, der das Werk aufführen will, muß also gewisse Bedenken überwinden.

Von der gesamten Partitur sind bis jetzt bekannt die Takte 1–78, 136–171 und 225–269; als Teilautographe (nur Klavier und Violoncello/Basso enthaltend) die Takte 101–135. Es fehlen also noch die Takte 79–100 und 172–224 (insgesamt vier Blätter). Diese sind nur aus der auf zwei Systemen (!) zusammengefaßten Bearbeitung in der Ausgabe von Cipriani Potter (London, 1839) bekannt. Die erhaltenen Blätter befinden sich in acht verschiedenen Sammlungen.

Man muß sich natürlich die Frage stellen, inwieweit das Rondo etwas zu tun hat oder haben könnte mit dem A-dur Konzert KV 414/385 p. Auf den ersten Blick möchte man dies freilich bestreiten, denn Violoncello und Basso haben hier getrennte Stimmen. Es ist aber auch denkbar, daß Mozart erst während des Komponierens auf den Gedanken gekommen ist, die Konzerte (KV 414/385 p, 413/387 a und 415/387 b) so einzurichten, daß sie auch mit Streichquartett aufgeführt werden konnten. Er hätte dann festgestellt, daß dieses Rondo zu dieser Idee nicht paßte und es durch ein neues ersetzt. Das bleibt aber Hypothese; wir können uns nur darüber freuen, daß es ein vollständiges A-dur Konzert KV 414/385 p gibt, und müssen die Hoffnung nicht aufgeben, daß die fehlenden Teile des Rondos KV 386 eines Tages entdeckt werden.

Aus den jetzt in der British Library befindlichen Blättern geht hervor, daß das Rondo nicht 252 Takte umfaßt (wie noch 1960 angenommen) sondern 269.

Die Struktur des Satzes ist sehr einfach; im Prinzip ist es ein Rondo des Typus A – B – A' – C – A", mit einem Ritornell und einer Coda. Der C-Teil weist im Streichorchester eine kontrapunktische Stimmführung auf, die durch die zeitliche Nähe des ersten „Haydn"-Quartetts (KV 387) begreiflich wird.

Aufbau des Rondos

Ritornell	1–39	Schlußgruppe und	
1. Thema (Refrain)	1–16	Überleitung	107–125
Solo-Refrain	40–57	Erste Wiederholung	
Überleitung, mit Andeutung		des Refrains	125–140
des ersten Couplets	58–83	Überleitung, zur Dominante	
Erstes Couplet	83–107	von fis-moll führend	140–151

2. Konzert F-dur, KV 413/387a

Das Konzert in F weist einige Eigentümlichkeiten auf, die sich in anderen Konzerten Mozarts nur selten finden. Der erste Satz ist im Tripeltakt geschrieben, einer Taktart, die nur in den Konzerten in Es-Dur, KV 449, und in c-moll, KV 491 aufscheint; auch in Konzerten für andere Soloinstrumente bevorzugt Mozart für den ersten Satz die gerade Taktart. Das Schlußrondo wird pianissimo abgeschlossen – ein Vorgang, den es zwar mit dem letzten Satz des Konzertes KV 415/387b teilt, der aber sonst ebenfalls äußerst selten ist. Die Tatsache, daß zwei der drei Konzerte im Pianissimo enden, betont noch einmal den besonderen Charakter der Werke. Der Komponist rechnet zwar mit einer Zuhörerschaft, legt die Stücke aber nicht auf einen Eclat hin an, sie sind auch nicht primär für das Theater oder den Konzertsaal gedacht, sondern eher für einen kleineren Hörerkreis. Für Forte- oder Fortissimo-Abschlüsse der meisten anderen Konzerte dagegen spielt gewiß Mozarts Wunsch, daß „die leute zum klatschen nicht kalt werden" – wie er es im Brief vom 26. September 1781 in bezug auf ein Opernfinale formuliert – eine gewisse Rolle. Im ersten Satz fällt der sich mit der Orchestereinleitung überlappende gleichsam teleskopische Eintritt des Soloklaviers im Takt 56 auf, dem wir auch in den Konzerten in Es-Dur, KV 271, und in B-Dur, KV 450, begegnen. Die Art, *wie* der Solist sich vorstellt, hält die Mitte zwischen einem „Entrée" und einem eigenen ersten Thema. Da die Reprise in gleicher Weise beginnt, ist letzteres zusätzlich akzentuiert.

Höchst merkwürdig ist außerdem die tonale Unentschiedenheit des zweiten Themas: In der Orchesterexposition beginnt es zwar mit der Dominante, wendet sich aber nach sieben Takten zur Tonika; ähnlich verhält es sich in der Soloexposititon (Takt 120–127), wo aber in den anschließenden Takten die Rückkehr zur Dominante vollzogen wird. In der Reprise ist der Verlauf identisch, aber entsprechend transponiert.

Während der zweite Satz mit seinen fast ununterbrochenen Begleitfiguren in Form von Albertibässen ein ungestörtes Rococo-Idyll darstellt, ist das Schlußrondo voll von kompositorischen Feinheiten, an denen nur „kenner allein satisfaction" erhalten können (Mozarts Brief vom 28. 12. 1782 an den Vater). Eine Stelle sei hierbei besonders hervorgehoben: die Takte 201–220.

KV 413, Dritter Satz, Takt 201–204

ib., Takt 208–211

Die Takte 201–204 werden in den Takten 208–211 im doppelten Kontrapunkt wiederholt, gleichzeitig wird die Rolle der Hörner nun von den Oboen übernommen. Die Beantwortung des Klaviers, Takt 205–208, wird in den Takten 212–220 zu einer neuen Phrase erweitert, die den Ausdrucksbereich eines instrumentalen Rezitativs streift und die verinnerlichte Coda vorbereitet.

Da der Refrain bei jeder Wiederholung in anderer Gestalt erscheint, könnte hier auch von einer Verquickung von Rondo- und Variationenform gesprochen werden – einem Konzept, das Mozart im Mittelsatz des Konzertes in Es-Dur, KV 482, in noch klarerer Weise ausarbeiten wird (s. S. 115).

Aufbau des ersten Satzes

a	Orchesterexposition 1–53 (57)	c	Ritornell 164–172
	1. Thema 1–12	d	Durchführungsteil
	Überleitung 12–23		(mit geringfügigen Bezügen
	2. Thema (modulierend) 24–41		zur Exposition) 172–232
	Schlußgruppe 41–53	e	Überleitung (analog
	Überleitung und über-		zu Takt 53–57) 232–236
	lappender (teleskopischer)	f	Reprise (bis Takt 266
	Eintritt des Soloklaviers 53–57		analog zur Exposition) 232–352
b	Soloexposition 56–164		Überleitung 260–299
	1. Solothema 56–68		2. Thema (der
	1. Hauptthema,		Exposition gegenüber
	nun auf Orchester und		um zwei Takte
	Soloklavier verteilt 68–81		erweitert) 299–319
	Überleitung 81–120		Schlußgruppe 319–352
	2. Thema, auf Orchester	g	Ritornell 352–364
	und Soloklavier verteilt 120–138	h	Kadenz 364
	Schlußgruppe 138–164	i	Schlußritornell 365–378

Der zweite Satz

Die nachträglich in diesem Satz hinzugefügten Fagottstimmen beweisen m. E. einmal mehr, daß einiger Zweifel berechtigt ist, ob es Mozart wirklich ernst war mit der Behauptung, in den drei Konzerten könnten die Bläser wegbleiben. Das Autograph enthält außerdem einem bei Mozart wohl sehr selten vorkommenden Fehler. In den Quellen, die Christoph Wolff zur Verfügung standen für seine Ausgabe in der NMA (V/15/3), fehlt in Takt 10 die Beantwortung der ersten Noten durch die ersten und zweiten Geigen. Als das Autograph, das sich in der Biblioteka Jagiełłońska in Kraków befindet, bekannt wurde, stellte sich heraus, daß diese Noten auch im Autograph fehlten. Da diese Beantwortung an allen vergleichbaren Stellen vorhanden sind, wurden die Noten in der NMA zu Recht ergänzt.

Aufbau des zweiten Satzes

Erster Teil	1–27	Variierte Wiederholung	
1. Thema (Orchester)	1–9	des 1. Themas (Klavier)	9–15

Überleitung und Modulation 15–21
Andeutung eines zweiten Themas und Abschluß auf der Dominante 21–27
Überleitung statt einer Durchführung 27–35
Zweiter Teil (kürzer als der erste Teil, da jetzt die Wiederholung des 1. Themas wegfällt) 35–54
Codetta 54–61
Ritornell und Kadenz 61–64
Coda (Schlußritornell) 65–68

Es sei hier darauf hingewiesen, daß der Takt 34 einen Eingang verlangt, was in der NMA nicht vermerkt ist.

Aufbau des dritten Satzes

3. Das Konzert C-dur, KV 415/387 b

Das C-dur Konzert gehört zu den Werken, von denen man im Nachhinein sagen könnte, daß sie Vorstufen zu späteren Werken darstellen. In diesem Falle handelt es sich um das Konzert KV 503, dessen erster Satz gewisse Ideen des vorliegenden Konzertes aufgreift (man vergleiche etwa die Takte 148–157 des Konzertes KV 415 mit den Takten 214–222 des späteren Werkes). Auch die Verwandtschaft der jeweiligen zweiten (Solo-)themen ist auffällig. Zu dem stellt der majestätische Grundrhythmus ein gemeinsames Merkmal beider Sätze dar. Diese Feststellungen sind, ebenso wie bei den Beziehungen zwischen den Konzerten in Es-Dur, KV 271 und 482, nur im historischen Rückblick möglich; es ist äußerst unwahrscheinlich, daß Mozart 1783 etwas komponiert hat, das er selber als „Vorstufe" zu einem Werk betrachtete, das er dann vier Jahre später vollenden sollte! Die Verwandtschaft beschränkt sich in unserem Fall übrigens eindeutig auf den ersten Satz.

Die Überlieferung des Konzertes ermöglicht uns einen bescheidenen Einblick in Mozarts Kompositionsweise, ohne daß wir diese in allen Einzelheiten ergründen können. Es existiert ein Entwurf eines zweiten Satzes von 17 Takten in c-moll, dessen Thema den gleichen Duktus zeigt wie der Refrain des Rondos.

KV 415, Dritter Satz, Takt 1–2

KV 415, Skizze zum zweiten Satz

Warum hat Mozart diesen Einfall verworfen? War er ihm für Konzerte dieser Art zu ernst? Auf jeden Fall war er ihm ans Herz gewachsen, denn der zweimalige, ganz unerwartete Adagio-Einschub im Rondo (Takt 49–64 und 216–231) stellt sowohl eine Variante dieses Entwurfs als auch eine Moll-Version des Refrains dar.

KV 415, Dritter Satz, Takt 49–51

Es ist gerade dieser Adagio-Einschub, wodurch dieser Satz sich von allen konzertanten Schlußsätzen Mozarts unterscheidet.

Aufbau des ersten Satzes

a	Ritornell	1–59	3. Abschnitt	24–36
	1. Thema (= 1. Abschnitt)	1–10	4. Abschnitt (greift auf	
	2. Abschnitt	10–24	das Hauptthema zurück)	36–47

Das Hauptthema erscheint im Ritornell (c), in der Durchführung sowie in der Reprise ausschließlich im Orchester. Die Selbständigkeit der beiden Teilnehmer am musikalischen Gespräch ist hier gleichsam auf die Spitze getrieben.

Sowohl die jeweiligen Schlußgruppen als auch die Ritornelle greifen auf Motive des ersten Tutti zurück, wobei *ein* Abschnitt (Takt 24–36) größtenteils unberücksichtigt bleibt – ein bei Mozart äußerst seltener Vorgang.

Der zweite Satz

Das Andante ist wohl der harmloseste Satz, den Mozart je als Mittelsatz eines Konzertes geschrieben hat. Während in anderen Werken der emotionale Schwerpunkt meist im Mittelsatz liegt, hat man hier den Eindruck, als habe sich Mozart mit Rücksicht auf die beschränkten Fähigkeiten der beabsichtigten Interpreten absichtlich zurückgehalten; dieser Haltung entspräche die einfache dreiteilige Form – ein Prinzip, das Mozart übrigens in anderen Fällen nicht gehindert hat, eine weit tiefer greifende Musik zu schreiben als er es in diesem Andante tat (man vergleiche etwa die Mittelsätze der Sonate in C, KV 330/300h oder des Konzertes in A, KV 488).

Aufbau des zweiten Satzes

(Klavier und Orchester) sofort anschließend	25–32
2. Thema (C-dur)	33–46
Überleitung und Eingang	46–50
Verkürzte Wiederholung des 1. Themas	51–66
Binnencoda	66–79

Schlußgruppe, bezug- nehmend auf die Schlußphase des zweiten Themas	79–81
Überleitung	81–85
Kadenz	85
Abschluß des Orchesters	86–88

Der dritte Satz

So einfach der zweite Satz ist, so kompliziert ist der dritte. Es wurde schon auf den merkwürdigen doppelten Adagio-Einschub hingewiesen, der dazu führt, daß das Rondo eigentlich ein Thema mehr enthält, als es für ein großes Rondo „üblich" ist. Allerdings hat Mozart das selbst geschaffene Problem abgemildert, als er im zweiten Couplet kein neues thematisches Material bringt (höchstens eine neue Figuration) und die zweite Wiederholung des Refrains ausläßt.

Dadurch, daß Mozart schon in den Tutti-Refrain das 2. Thema einbaut, stellt er eine Verquickung der Rondo- und (konzertanten) Sonatenform her. Denn die Takte 9–46 könnten ebensogut ein Ritornell zu einem Sonatensatz darstellen.

Aufbau des dritten Satzes

A	Refrain	1–16	A''	Zweite Wiederkehr		
	Klavier	1–8		des Refrains	123–138	
	Orchester	9–16		Überleitung	139–143	
	Überleitung	17–30	D	Durchführung		
B	1. Couplet (Orchester, in der Haupttonart!)	31–44		(Motive des Refrains im Orchester)	139–162	
	Schlußgruppe und Überleitung	44–49		Überleitung zur	162–182	
C	2. Couplet (Adagio, c-moll)	50–64	B''	zweiten Wiederkehr des 1. Couplets (stark modifiziert)	183–192	
A'	Erste Wiederkehr des Refrains	65–72		Schlußgruppe	192–211	
	Überleitung	72–91		Überleitung	211–216	
B'	Erste Wiederkehr des 1. Couplets, nun in G-dur	92–101	C'	Variierte Wiederholung des 2. Couplets und		
	Schlußgruppe	101–116		Eingang	217–231	
	Überleitung und Eingang	116–122	A'''	Letzte Wiederholung des Refrains	232–239	
				Coda	239–262	

51

VI. Zweite Gruppe Wiener Konzerte

1. „Herkules am Scheidewege" –
Das Konzert Es-dur, KV 449

Der 9. Februar 1784 ist ein bedeutsames Datum in Mozarts Leben. Nachdem er schon am 11. September 1778 geäußert hatte, er sei sich seines „superieuren Talentes" bewußt, hält er es nun auch für wichtig, die Resultate dieses Talents zu dokumentieren. Denn der 9. Februar 1784 ist nicht nur das Datum der Vollendung des Konzertes in Es-dur, es ist auch das Datum, unter welchem Mozart dieses Werk als erstes in seinem neu angelegten Werkverzeichnis eintrug.

Alan Tyson* hat nachgewiesen, daß fast die Hälfte des ersten Satzes dieses Konzertes schon 1782 niedergeschrieben wurde, der Rest aber erst kurz vor der Eintragung ins Verzeichnis. Diese Erkenntnis läßt zwei wichtige Schlüsse zu:

1. Der Entwurf des Werkes, in dem die Mitwirkung der vier Bläser (2 Oboen und 2 Hörner) ebenso wie in den Konzerten KV 414/385 p, 413/387 a und 415/387 b freigestellt ist, stammt aus der Zeit, als Mozart mit besonderen Mitteln um die Gunst sowohl der Kenner als auch der Liebhaber warb.

2. Als er spürte, daß das Konzept dieses Werkes weit über die Fähigkeiten solcher Kreise hinausgehen würde, hat er es liegenlassen und seine Ideen in den Konzerten, die im vorhergehenden Kapitel besprochen wurden, verwirklicht.

Seine Schülerin Barbara Ployer verfügte offenbar über die notwendigen Kapazitäten, um dieses Werk zu bewältigen; Mozart schrieb für sie ja auch das G-dur Konzert KV 453, das ebenfalls zu den technisch anspruchsvollen gehört. Strukturell weist das Konzert in Es-dur einige Eigentümlichkeiten auf, wodurch es sich von den meisten anderen Konzerten unterscheidet. In der Orchesterexposition – mehr denn je verdient das erste Ritornell diesen Namen – erscheint das zweite

---

* Alan Tyson, Mozart, Studies of the Autograph Scores, London 1987, S. 19.

Thema in der Dominante, was sonst in keinem Mozartschen Klavierkonzert vorkommt. Der zweite Satz ist auf zwei Themen aufgebaut, die einander dergestalt abwechseln, daß sowohl eine Deutung als Sonatenhauptsatz als auch als dreiteilige Form, ja sogar als einfache Rondoform möglich ist. Das Finalrondo hat eine zweifache Coda: Die erste greift auf das zweite Couplet zurück, die zweite stellt gleichzeitig die letzte Wiederkehr des Refrains dar, und zwar in veränderter Taktart (6/8 statt 4/4). In der Behandlung des Streicherensembles wirkt die Beschäftigung mit dem Streichquartett deutlich nach – die ersten drei „Haydn-Quartette" wurden ja in der gleichen Zeit komponiert. Die Partien der zweiten Violine und der Viola im zweiten Satz sind geradezu Musterbeispiele einer Schreibart, in der sich diese Stimmen eindeutig als „Mittelstimmen" profilieren, gleichzeitig aber ein hohes Maß an melodischer Selbständigkeit besitzen. Auch der kontrapunktische Aufbau der Takte 165–185 im letzten Satz weist auf das Streichquartett hin.

Aufbau des ersten Satzes

a	Orchesterexposition	1–88
	1. Thema	1–16
	Überleitung	16–36
	2. Thema	
	(in der Dominante!)	37–54
	Rückmodulation	54–63
	Schlußgruppe	63–88
b	Soloexposition	89–169
	1. Thema (variiert)	89–104
	Überleitung und	
	Modulation	104–120
	Brücke zum 2. Thema	
	(quasi 3. Thema)	121–137
	2. Thema	
	(auf Orchester und	
	Soloklavier verteilt)	137–154
	Schlußgruppe	154–169
c	Ritornell	169–182
d	Durchführungsteil, in dem das rhythmische Motiv des 3.–4. Taktes	

	eine treibende Kraft wird	182–234
e	Reprise	234–320
	1. Thema	234–249
	Überleitung	249–267
	Brücke (die transponierte Wiederkehr dieses Abschnitts beweist, daß es nicht ganz unberechtigt ist, diese „Brücke" als „3. Thema" zu betrachten)	268–284
	2. Thema	284–301
	Schlußgruppe	301–320
f	Ritornell	320–328
g	Kadenz	328
h	Abschlußritornell (identisch mit den letzten 19 Takten der Orchesterexposition; im Autograph nicht ausgeschrieben)	329–347

Der zweite Satz

Wie oben schon angedeutet, ist die Struktur des zweiten Satzes eine bei Mozart wohl einmalige Mischung von Elementen aus der Rondoform, der dreiteiligen Form und dem Sonatenhauptsatz. Die Wiederkehr des Hauptthemas in Takt 80 hat eindeutig Reprisencharakter, besonders da – trotz der erheblichen Varianten in der Instrumentierung – die Takte 80–93 völlig analog zu den Takten 1–14 verlaufen. Der Mittelteil (Takt 52–80), der durchaus als thematische Durchführung betrachtet werden könnte, bringt die beiden Hauptgedanken in der gleichen Reihenfolge, jedoch in anderen Tonarten: As-dur und Es-dur statt B-dur und F-dur.

Harmonisch sind vor allem die Takte 74–80 interessant. Es ist die Stelle, an der der Komponist von Es-dur nach B-dur (zurück)modulieren will bzw. muß. Da er in Takt 75 schon den Quart-Sext-Akkord von b-moll erreicht hat, wäre es wohl ein Leichtes gewesen von da nach B-dur zu gelangen. Mozart wählt aber den Umweg über h-moll, wodurch er den Hörer im Rahmen dieses relativ einfachen Satzes mit einer Überraschung konfrontiert. Eine solche quasi irreführende Modulation findet sich auch im letzten Satz des Streichquartetts B-dur, KV 589.

Aufbau des zweiten Satzes

Ritornell, nur den ersten Hauptgedanken enthaltend; die überleitende Figur in Takt 22 spielt eine vermittelnde Rolle in den Takten 30–34, 59–63 sowie in der Coda — 1–23

Soloexposition — 23–52

1. Thema — 23–30

2. Thema (F-dur), ohne Abschluß, — 41

sofort überleitend zum Mittelteil — 52–80

1. Thema (As-dur) — 52–59

2. Thema (Es-dur), ohne Abschluß, sofort überleitend zur — 70

Reprise (3. Teil) — 80–112

1. Thema (B-dur), mit Halbschluß im Takt 89 und anschließender Überleitung zum — 80

2. Thema (B-dur), wiederum ohne Abschluß — 98

Coda (dem Ritornell entlehnt) — 112–124

Der dritte Satz

Der dritte Satz ist ein umfangreiches Rondo, in dem – wie oft bei Mozart – das zweite Couplet mit einer Durchführung des Refrains verknüpft wird. Überraschend wirkt die teilweise Wiederholung des Refrains in der Dominante (Takt 91), ebenso die Tatsache, daß die Wiederholung des ersten Couplets bis zur Coda auf sich warten läßt – alles Anzeichen, daß Mozart den Punkt erreicht hat, wo er sich um kein Schema mehr kümmert, sondern jedesmal die vorhandenen Formprinzipien neu interpretiert.

Auch in harmonischer Hinsicht bringt dieser Schlußsatz eine Überraschung. Im Übergang von der „ersten" zur „zweiten" Coda findet eine unerwartete Modulation statt, die von Es-dur nach des-moll führt (Die Takte 245–268 sind, ebenso wie die Takte 314–322, im Autograph durch Kopien ersetzt, und gerade die erste Taktgruppe enthält mehrere Fehler – der Kopist ist offenbar von diesen ungewöhnlichen Harmonien auf Irrwege geführt worden.)

Aufbau des dritten Satzes

Ritornell	1–32	2. Couplet (c-moll),	
1. Thema (Refrain)	1–16	mit anschließender	
2. Thema (1. Couplet,		Durchführung des Refrains	
in der Haupttonart)	17–27	und von Teilen des	
Soloexposition	33	1. Couplets	152–218
1. Thema (Refrain)	33–53	2. Wiederholung des	
Überleitung	53–63	Refrains	219–234
2. Thema (1. Couplet, B-dur)	63	1. Coda, auf das	
endet mit Halbschluß	90	2. Couplet	
Vorübergehende Wiederholung		zurückgreifend und	234–268
des Refrains (kanonisch)		Eingang	268
mit anschließender		2. Coda, 6/8 Takt,	
Schlußgruppe	91–128	in der sowohl der Refrain	269
Überleitung	128–136	als auch das erste Couplet	285
1. Wiederholung des		in veränderter Form	
Refrains	136–151	wiederkehren	–322

Zwar ist Herkules sicher nicht der Name, der uns als erster einfällt, wenn wir von Mozart sprechen. Aber daß jener hier

„am Scheideweg" stand, scheint eindeutig: Das Konzert in Es-dur ist durch seine Besetzung und durch die Art, wie er die Streicher einsetzte, mit den Konzerten der Jahre 1782–83 verbunden. Die Freiheit der Gestaltung und die Ansprüche, die an den Solisten gestellt werden, deuten bereits darauf hin, daß Mozart bald neue Wege beschreiten sollte.

2. Konzert B-dur, KV 450

Am 24. April 1784 erklang in Wien zum erstenmal Mozarts Konzert in B-dur, KV 450. Ist den Hörern nur zum Bewußt-sein gekommen, daß der Pianist sein eigenes Konzert, das nach eigener Aussage „schwitzen machte", mit vollkommener Fertigkeit spielte, oder auch, daß das Ensemble von Soloin-strument, sieben Bläsern und Streichorchester, auf eine ganz neue Art eingesetzt wurde? Die Welten des virtuosen Solisten und des kleinen, aber klangfarbenreichen Orchesters mit kammermusikalisch geführten Bläsern wurden in einer Weise miteinander verknüpft, die noch nie dagewesen, aber ent-scheidend für die Zukunft war.

Mit einer Ausnahme sind alle Klavierkonzerte Mozarts von KV 450 bis KV 595 nach dem gleichen Prinzip konzipiert; dennoch sind sie alle verschieden. Die Gleichheit erkennen wir an einigen immer wiederkehrenden technischen Details: Es gibt kein Konzert, dessen erster Satz nicht mit einem Or-chestertutti anhebt und in konzertmäßig abgewandelter Sona-tenform geschrieben ist; alle Konzerte sind dreisätzig, der zweite Satz steht immer in (relativ) langsamem Tempo. Das Finale ist stets in Rondoform geschrieben, mit zwei Ausnah-men: den Variationen-Finali der Konzerte G-dur KV 453 und c-moll KV 491.

Die Unterschiede, d.h. die Merkmale, durch die jedes Kon-zert uns als „neu" im Vergleich zu den früheren erscheint, sind viel zahlreicher als die Übereinstimmungen. Sie beziehen sich auf das Verhältnis zwischen Soloinstrument und Orche-ster, auf die Instrumentation, auf die Form in engerem Sinne und auf die Beziehung zwischen dem Konzert und anderen

Gattungen der Musik: Sinfonie, Kammermusik, Oper, Tanz-musik. Um diese Phänomene aufzuzeigen, ist es angemessen, die Konzerte der letzten sieben Jahre von Mozarts Schaffen in einige Gruppen aufzuteilen:

Gruppe 1: die Konzerte des Jahres 1784 (unter Ausklamme-rung des schon besprochenen Konzertes KV 449);

Gruppe 2: die ersten „sinfonischen" Konzerte, KV 466 und 467 (was hier mit „sinfonisch" gemeint ist, wird weiter unten erklärt);

Gruppe 3: die „Klarinetten"-Konzerte KV 482, 488 und 491;

Gruppe 4: die Nachzügler KV 503, 537 und 595.

Die Konzerte des Jahres 1784 können nicht betrachtet wer-den, ohne daß wir einen Blick auf die gesamte Produktion dieses Jahres werfen. Wenn wir Mozarts eigenem Verzeichnis Glauben schenken dürfen (und es ist anzunehmen, daß er es in dieser Zeit, in der er nicht auf Reisen war, recht genau und sorgfältig geführt hat), hat er in diesem Jahr folgende Werke komponiert:

die Klavierkonzerte KV 449, 450, 451, 453, 456 und 459,

das Klavierquintett KV 452,

die Sonate für Klavier und Violine KV 454,

die Klaviervariationen KV 455,

die Klaviersonate KV 457,

das Streichquartett KV 458 und

den kleinen Trauermarsch für Barbara Ployer KV 453 a.

Dazu kommen vielleicht noch die Sarti-Variationen, zum mindesten die Bearbeitung des Themas und zwei Variationen.

Wie stark Mozart sich in dieser Zeit auf das Klavier kon-zentrierte, geht bereits daraus hervor, daß in nur einem unter dreizehn Werken das Klavier *nicht* vertreten ist Und noch et-was fällt auf: Zwischen dem 21. April und dem 25. August ist nicht ein einziges Werk in das Verzeichnis eingetragen worden – eine Art schöpferische Pause also?.

Zweierlei ist festzuhalten: 1) Eines der Werke, die kurz *nach* dieser Pause eingetragen wurden, ist die Klaviersonate in c-moll, das einzige Werk, das völlig außerhalb der Welt liegt, der die übrigen Werke dieser Periode angehören. Es könnte gut als Abschied vom Sturm-und-Drang betrachtet werden. 2) Mozarts offizielle Aufnahme in die Freimaurerloge „Zur Wohltätigkeit" fand im Dezember 1784 statt. Eine solche Entscheidung wird nicht über Nacht getroffen. Es kann nicht bei lockeren Kontakten mit dem Freimaurertum geblieben sein, wie sie etwa das Lied KV 148 belegt; Mozart muß sich intensiv mit Freimaurern ausgetauscht haben, ehe er den entscheidenden Schritt tat. Die gräfliche Familie Thun gehörte in der Wiener Zeit zu seinen engeren Bekannten; der junge Graf Thun war ein bekannter Freimaurer. Wir halten es durchaus für möglich, daß Mozart diese Zeit weitgehend seiner Auseinandersetzung mit der Freimaurerei gewidmet hat.

Nach diesem kurzen Exkurs wenden wir uns nun dem Konzert B-dur zu, dem ersten, das Mozart zu den „großen" Konzerten rechnete. Abgesehen vom Konzert KV 271, das – wie oben dargestellt – in jeder Beziehung ein Sonderfall ist, spielt das Soloinstrument im ersten Tutti höchstens als Continuoinstrument mit. Ebenso ausnahmslos wird das erste Thema gleich am Anfang des Ritornells vorgeführt. Die weitere Gestaltung des ersten Tutti ist aber keineswegs immer die gleiche. Das zweite Thema muß nicht immer im ersten Tutti vorgestellt werden; wenn es aber erscheint, so in der Haupttonart (mit Ausnahme des bereits vorgestellten Konzerts KV 449). In einigen Konzerten, nämlich KV 450, 482, 491 und 503, weist schon das Ritornell ein Nebenthema auf, das nicht mit dem später vom Solisten einzuführenden zweiten Thema identisch ist. Im Konzert KV 450 ist dieses orchestrale Thema tonal gebunden; es kehrt nur in der Schlußgruppe wieder (Takt 249 mit Auftakt). Der Anfang des ersten Tutti darf als eine Art von öffentlichem Bekenntnis zu dem neuen Konzertstils angesehen werden. Gleich in den ersten Takten beteiligen sich die sechs Bläser und die Bässe daran, Violinen und Bratschen treten erst im 3. Takt hinzu, in den Takten 5–8 wiederholt sich dieses Wechselspiel. Daß, wenigstens in melodischem Sinne, die Chromatik in das ganze Gefüge einbezogen wird, bekundet schon der erste Takt und die Fortsetzung im 4. Takt (eine metrische Permutation) und in Takt 8f. bestätigt es. Die Gestaltung dieses Ritornells ist äußerst einfach und läßt kaum ahnen, welche Möglichkeiten der thematischen Arbeit oder auch der nicht-thematischen Phantasie der Komponist noch entfalten wird.

Auch in der Fortführung ab Takt 8 spielen die Holzbläser ihre solistische Rolle. In Takt 14 erfolgt dann das erste wirkliche Tutti, das zum Halbschluß in Takt 25 führt. Kammermusikalisch wiederum ist das zweite Thema gestaltet, unter starker solistischer Beteiligung der Holzbläser. Ein zweites, von einem richtigen Mannheimer Crescendo (pp–f) eingeleitetes Tutti folgt. Das könnte den Abschluß des Ritornells bilden; zwischen diesem und dem Eintritt des Solisten sind aber noch einige kammermusikalische Takte eingeschoben, die – wie allgemein üblich in den Hauptsätzen Mozartscher Konzerte – auch den Abschluß der Exposition sowie der Reprise (nach der Kadenz) bilden. Der Einsatz des Solisten wird immer wieder in anderer Weise gestaltet. Eine direkte Übertragung des Orchesterthemas auf das Klavier gibt es nur im Konzert KV 456; in KV 451 finden wir eine Variante des Orchesterthemas. In KV 453 und 459 wird eine angemessene Klavierbegleitung der linken Hand hinzugefügt, in KV 453 der Einsatz außerdem durch einen „Großauftakt" eingeleitet.

Ebenso wie in den Konzerten KV 467, 482 und 503 macht in KV 450 der Solist sein eigenes „Entrée", das hier den Charakter einer „Cadenza in tempo" hat und außerdem „teleskopisch" in die Schlußtakte des Orchesters eindringt. In diesem Entrée durchmißt der Solist schon fast den ganzen Tonraum seines Instruments (‚B – f'''); im Takt 85 kommt auch der tiefste Ton seines Instruments (‚F) dazu. Damit hat der Komponist/Interpret seinen Hörern klar gemacht, daß er Herr und Meister in der neuen Welt des „großen" Klavierkonzertes und seines Instruments ist. Nach Beendigung des „Entrée" kann das Wechselspiel beginnen. Von einer Wiederholung dessen, was im Ritornell gegangen ist, kann natürlich nicht die Rede sein. Von der Regel, daß die Soloexposition zur Dominante (in den Mollkonzerten zur Parallele) führt, wird Mozart nie abweichen. Aber eben dieses Modulationsprinzip erfordert neue Mittel, die im Ritornell noch nicht vorgekommen sind: neue melodische Gebilde und, im Klavier, angepaßte Figuration. Außerdem wird ein ganz neues, dem Solisten vorbehaltenes zweites Thema eingeführt.

Die neue Entwicklung setzt in Takt 86 ein und führt über g-moll nach F-dur, dessen Dominante in Takt 96 erreicht wird, wonach in Takt 104 das neue zweite Thema einsetzt. Dies ist ein sehr komplexes Gebilde, das sowohl melodische (Takt 104–109), figurative (109–110) als auch orchestrale Elemente (Takt 112f.) umfaßt. Die Fortsetzung der figurativen Elemente führen zum Abschluß in Takt 137, der von einem kurzen, aus Motiven des Eröffnungsritornells aufgebauten Ritornell bekräftigt wird. Der Durchführungsteil ist derjenige Abschnitt des ersten Satzes, der die mannigfaltigsten Gestaltungsmöglichkeiten aufweist. Jener des Konzertes KV 450 gehört zum Typus der „Phantasie-Durchführung" (weshalb wir auch den Terminus „Durchführungsteil" verwenden). Sie beginnt mit klavieristischen Varianten der orchestralen Schlußgruppe und mündet in eine Vorahnung des Hauptthemas (Takt 190), das schließlich ebenso „teleskopisch" einsetzt wie der Solist in Takt 59. Ab Takt 166 ist dieser Teil wie eine Sequenz aufgebaut, wobei die Holzbläser einen Wechselgesang mit den Streichern aufführen. In Takt 182 wird die Dominante von B-dur erreicht; von da bis zum Einsatz des Hauptthemas in Takt 197 (mit Auftakt) reicht ein einziger Orgelpunkt, der nur in den Takten 184 und 188 unterbrochen wird. Eine solche Vorbereitung der Reprise ist öfter in Mozartschen Konzerten anzutreffen (vgl. zum Beispiel die Konzerte KV 467, 482, 503). Der Aufbau der Reprise ist im Wesentlichen derselbe wie der Exposition, nur ist der Plan der Modulation ab Takt 214 abgewandelt. Neu ist aber der Abschnitt Takt 248–264: das tonal gebundene Orchesterthema aus dem ersten Ritornell wird jetzt von beiden Partnern aufgegriffen; dadurch wird der Schematismus der Reprise durchbrochen, gleichzeitig die Bedeutung dieses „dritten" Themas erkennbar gemacht. Das Mannheimer Crescendo des Eröffnungsritornells, das im Abschluß der Exposition übergangen wurde, leitet nun die orchestrale Vorbereitung der Kadenz ein; der größere Teil des Abschlusses nach der Kadenz entspricht den Abschlußtakten der Exposition. Die Takte 305–307 entsprechen den Takten 59–62 und belegen, daß der Solist tatsächlich „teleskopisch" sein Entrée machte.

Mozarts Kadenz ist, im Gegensatz zum Durchführungsteil, fast ganz thematisch bzw. motivisch: Die Takte 1–8 greifen in der Hauptsache zurück auf Takt 44–53 des ersten Ritornells; Takt 9–13 auf Takt 264 der Reprise; Takt 14 f. auf das „dritte" Thema. Der Rest setzt sich hauptsächlich aus virtuosen Passagen zusammen.

Aufbau des ersten Satzes

a	Ritornell	1–62		Orgelpunkt und	
	1. Thema	1–14		Ankündigung des	
	Überleitung	14–25		ersten Themas	182–197
	3. Thema	26–41	e	Reprise	197–284
	Nachsatz	41–53		1. Thema (nun auf	
	Schlußgruppe	53–62		Klavier und Orchester	
b	Soloexposition	59–137		verteilt)	197–210
	Entrée	59–70		Überleitung	210–233
	1. Thema	71–86		Orchester	210–215
	Überleitung	86–103		Klavier und Orchester	216–233
	2. Thema	104–119		2. Thema	233–248
	Schlußgruppe	120–137		3. Thema	249–264
c	Ritornell	137–154		Schlußgruppe	264–284
d	Durchführungsteil	154–197	f	Ritornell als Brücke	
	Varianten der letzten Takte			zur	284–294
	des letzten Ritornells	154–166	g	Kadenz	294
	Sequenzen	166–182	h	Schlußritornell	295–308

Der zweite Satz

Im Autograph fehlt eine Tempobezeichnung; die gebräuchliche Bezeichnung „Andante" stimmt mit Mozarts Forderung überein „daß in keinem Concerte Adagio, sondern lauter Andante seyn müssen" (Brief vom 9. Juni 1784) – allerdings hat sich Mozart selber auch nicht immer daran gehalten. Daß er einem eher etwas flüssigeren Tempo für die Mittelsätze seiner Konzerte den Vorzug gab, hängt wohl mit dem immer noch ziemlich kurz klingenden Ton der damaligen Klaviere zusammen.

Der Satz ist ein Variationensatz ungewöhnlicher Art. Das Thema besteht zwar aus zwei achttaktigen Teilen; jeder Teil wird aber gleich in variierter Form wiederholt, so daß schon das Thema gleichzeitig eine Variation enthält. Dieses Verfahren wiederholt sich zweimal im Verlauf des Stückes.

Aufbau des zweiten Satzes

Thema	1–32	2. Variation	65–101
1. Periode, Streicher	1–8	1. Periode, Klavier,	65–72
Klavier	9–16	ab Takt 69 mit Streichern,	
2. Periode, Streicher	17–24	Klavier und Orchester	73–80
Klavier	25–32	2. Periode, Klavier,	
1. Variation	33–64	ab Takt 84 mit Streichern,	
1. Periode, Streicher und		Klavier und Orchester	89–101
Klavier	33–40	Die achttaktige Phrase	
Klavier	41–48	wird ab Takt 95	
2. Periode, Streicher und		abgewandelt und	
Klavier	49–56	erweitert	
Klavier	57–64	Coda	101–113

Die Instrumentation steht in direktem Zusammenhang mit dem Periodenbau. Im Thema und in der ersten Variation wechselt die Besetzung nach je acht Takten, in der zweiten Variation nach vier Takten. Bei der Wiederholung (d.h. erst im 73. Takt des Stückes!) treten die sechs Bläser hinzu und erzielen eine Wirkung als würde ein strahlendes Licht über eine schattige Landschaft geworfen. Gleichzeitig setzen die Streicher zum erstenmal *pizzicato* ein. Das wiederholt sich in der zweiten Hälfte der Variation (Takt 84 bzw. 89). Überraschend wirkt dann die Erweiterung ab Takt 95, wo eine dynamische Differenzierung erfolgt, die ihre Fortsetzung in der Coda findet. Das Ganze weist, auf der Basis eines äußerst regelmäßigen Periodenbaus, eine ungeheure Verfeinerung auf.

Schließlich sei noch erwähnt, daß das Autograph dieses Satzes einen der seltenen Fälle dokumentiert, an denen nachträglich eine Veränderung vorgenommen wurde, und zwar zu einem Zeitpunkt, als die Arbeit an der Niederschrift schon sehr weit vorgeschritten war.

Der dritte Satz

Die Chromatik hat weder im ersten, noch im zweiten Satz zu harmonischen Entwicklungen geführt; sie ist dort im wesentlichen melodischer Art. Erst im dritten Satz erlangt sie auch harmonische Bedeutung.

Der Satz ist als großes Rondo angelegt, und zwar als eines von sehr regelmäßiger Form, auch wenn diese an einer Stelle (Takt 42) durchbrochen wird.

Der Satz beginnt mit einem 16-taktigen Thema, dessen erste Periode vom Solisten, die zweite vom Orchester vorgetragen wird. Der Beginn ist ebenso originell wie der des ersten Satzes: Der Solist wird nur von Violinen, Bratschen und einem Fagott begleitet. Der gehaltene Ton des Fagotts ist gleichsam ein Wahrzeichen des ganzen Satzes: Man vergleiche etwa Takt 76–82 (Flöte), Takt 100–112 (Hörner, Bässe), Takt 210–216 (Fagott), Takt 240–246 (Flöte), Takt 264–272 (Hörner, Bässe) und Takt 285–291 (Bläser).

Ab Takt 16 führt das Orchester das 1. Thema zu einem relativ kurzen Ritornell aus, das in Takt 42 abgeschlossen wird. Der darauf folgende Einsatz des Soloklaviers, obwohl an sich regelmäßig gebaut (eine Periode von acht und eine zweite von zwölf Takten), ist kein „zweites Thema": Es steht in der Haupttonart und wird im Verlauf des Stückes nicht verarbeitet oder wiederholt. Ebensowenig ist es ein „Entrée", denn der Solist spielte ja gleich am Anfang das Hauptthema. Wir möchten es ein „komplementäres, erstes Thema" nennen, dessen wichtigste Funktion es ist, den modulatorischen Teil einzuleiten. Dieser führt zur Dominante in Takt 72 und zur Zwischendominante in Takt 76. Und hier setzt gleichzeitig das wirkliche zweite Thema (das erste Couplet also) ein, das ganz figurativ ist und in den Takten 76–86 eine besondere pianistische Technik verlangt. Abgeschlossen wird es in Takt 92, wo gleich ein Nachsatz angehängt wird, dem dann eine kurze Überleitung zur Fermate in Takt 112 folgt. Genau wie an vergleichbarer Stelle im ersten Satz (Ende des Durchführungsteils und Rückkehr zum ersten Thema) ist der Nachsatz wieder auf einem langen Orgelpunkt aufgebaut. Die erste Wiederholung des Refrains (Takt 113) verläuft zunächst regelmäßig; ab Takt 122 ist die Fortsetzung, mittels kanonischer Verarbeitung des Hauptmotivs, völlig verändert. Sie scheint vielmehr eine Art Durchführung einzuleiten, die aber erst viel später erfolgt. Der Refrain moduliert nach g-moll und verharrt in Takt 135 auf dessen Dominante. Es folgen vier Takte, in denen nur der Ton *d* wiederholt wird – ein auskomponiertes Verharren, eine musikalische Frage – „wie soll es nun weitergehen?" Sie wird in den Takten 139–140 beantwortet, indem *d* Leitton nach Es-dur wird.

Das zweite Couplet besteht aus zwei ungleichen Teilen: Der erste, Takt 141–168, bringt ein ganz neues Thema in Es-dur, ganz wie es sich in einem großen Rondo gehört; der zweite, Takt 168–210, ist eine von Sequenzen und chromatischem Fortschreiten geprägte Durchführung des Refrains, die in Es-dur beginnt und schließlich in A-dur mündet. Das nimmt dreißig Takte in Anspruch; für die Rückleitung – ebenfalls auf chromatischem Wege – nach B-dur braucht Mozart zwölf Takte.

Der Es-dur Teil des zweiten Couplets ist selber auch wieder zweiteilig: Der erste Teil, Takt 141–152, wird im zweiten variiert und erweitert (Takt 152–168). Die Variation beruht hauptsächlich auf Vertauschung der Stimmen, die aber von der reichen Figuration einigermaßen verdeckt wird.

Der Durchführungsteil bildet anfänglich den größten Kontrast zum Vorhergehenden: Die Sechzehntelbewegung setzt aus, die Harmonien währen länger, was besonders dadurch akzentuiert wird, daß vier Bläser (Flöte, 2. Oboe, 1. Fagott, 1. Horn) in ungewöhnlicher, enger Lage den harmonischen Hintergrund zum Wechselspiel von 1. Oboe und Klavier bilden. Diese Stelle – einer der originellsten Einfälle Mozarts auf dem Gebiete der Instrumentation – zeigt, daß es erwünscht ist, sich „authentischer" Instrumente zu bedienen, da sonst die Balance der vier Instrumente kaum zu verwirklichen ist. Der zweite Abschnitt des Durchführungsteils vollzieht mittels Sequenzen die überraschende Modulation von g-moll nach

A-dur (Takt 180–198). Im dritten Teil schrumpft das Thema immer mehr zusammen, zuerst zu zweitaktigen Phrasen (Takt 198–205), dann zu einem viertönigen Fragment (Takt 206–209). Die Rückleitung von A-dur nach B-dur vollzieht sich auf chromatischem Wege.

KV 450, Dritter Satz, Takt 198–205 (Harmonien)

Im folgenden Teil wird die Überleitung vom Refrain zur Wiederkehr des 1. Couplets dadurch verkürzt, daß sowohl die Ritornelltakte (16–42) als auch das „komplementäre Thema" ausbleiben. Sonst verläuft die Wiederholung regelmäßig bis zur Kadenz; das erste Couplet erscheint nun, wie üblich in der Haupttonart. Nach der Kadenz folgt die letzte Wiederholung des Refrains, diesmal in Oktaven und über einem von vier Bläsern gespielten Orgelpunkt. Wie zu erwarten, greift diese letzte Wiederholung des Refrains auf das Ritornell zurück, jedoch wechseln hier Orchester und Klavier einander ab. Den Abschluß bildet eine figurierte Fanfare, bei der im Autograph nur in Takt 303 *pp* steht und beim zweiten Achtel in Takt 313 *f*; es ist also anzunehmen, daß hier, im Gegensatz zum ersten Satz, kein „Mannheimer Crescendo" gemeint ist, sondern vielmehr ein *forte subito*.

Aufbau des dritten Satzes

Refrain und Ritornell	1–42	2. Couplet	141–210
Klavier	1–8	Neues Thema	141–168
Tutti	8–42	1. Durchführung des	
Komplementäres Thema		Refrains	168–180
und modulatorischer Teil	43–76	2. Durchführung des	
1. Couplet	76–92	Refrains	180–198
Nachsatz	93–108	Rückleitung	198–210
Überleitung	108–112	2. Wiederholung des	
Eingang	112	Refrains	210–225
1. Wiederholung des		Klavier	210–217
Refrains	113–120	Orchester	218–225
Modulatorischer Teil	121–141	Überleitung	225–240

Mit diesem Konzert hat Mozart seinen Hörern (und sich selbst!) eine ganz neue Welt erschlossen. Seit der Begegnung mit dem Mannheimer Orchester wußte er, wie man eine Gruppe von Holzbläsern und Hörnern im Orchester einzusetzen vermag; doch hatte er diese Kenntnis bisher hauptsächlich in Opern und Konzertarien verwertet. Mit souveräner Meisterschaft zeigt er jetzt, was im Bereich der konzertanten Musik mit der Kombination von Klavier, Streichern und Bläsern erreicht werden kann. Gleichzeitig stellt Mozart unter Beweis, daß es möglich ist, unter Handhabung gewisser traditioneller Grundprinzipien, ein Höchstmaß an Erfindung zu verwirklichen. Es seien abschließend kurz die vielen Neuerungen, die dieses Konzert aufzuweisen hat, zusammengefaßt: im ersten Satz der ungebräuchliche Beginn mit der starken Hervorhebung der sechs Bläser und der „teleskopische" Einsatz des Solisten; im zweiten Satz die höchst persönliche Interpretation des Variationsbegriffes und die dynamische Differenzierung in den Takten 95 f.; im dritten Satz das „komplementäre Thema" sowie die eigenwillige Gestaltung des zweiten Couplets.

3. Konzert D-dur, KV 451

Im Jahre 1784 spielte Mozart innerhalb von 38 Tagen 22mal in verschiedenen Akademien (Brief vom 3. März 1784). Dazu bemerkt er selbst: „nun können sie sich leicht vorstellen, daß ich nothwendig Neue Sachen spielen muß – da muß man also schreiben." Diese lapidaren Sätze sind von einiger musiksoziologischer Bedeutung, belegen sie doch anschaulich, daß das damalige Publikum vor allem daran interessiert war, Neues zu hören; heutzutage ist die Mehrheit des Publikums vor allem interessiert, das zu hören, was es kennt. Dieser Neigung des

Publikums verdanken wir also die große Zahl der „neuen Sachen"; daß diese auch noch von höchster Qualität sind, verdanken wir dem „superieuren Talent" des Komponisten.

Zwischen der Vollendung des Singspiels *Die Entführung aus dem Serail* (29. Mai 1782) und der Komposition der opera buffa *Le nozze di Figaro* im Herbst 1786 hat Mozart sich zweimal mit einer opera buffa befaßt; ein Beweis wie sehr ihm die Komposition einer Oper am Herzen lag. Denn wer wagte sich damals schon an die Komposition einer Oper heran, ohne einen Auftrag dafür erhalten zu haben? Die beiden Versuche (*L'oca del Cairo*, KV 422, und *Lo sposo deluso*, KV 430/434 a) blieben unvollendet, und es kommen höchstens einzelne Arien oder Ensembles für heutige Konzertaufführungen in Betracht.

Daß die Oper in andere Kompositionsgattungen, mit denen Mozart sich in dieser Periode beschäftigte, hineinspielt, ist nicht verwunderlich. Interessant ist übrigens, daß das Streichquartett fast ganz frei ist von theatralischen Einflüssen, während die eher gesellschaftlich wirkungsmächtige Gattung des Klavierkonzertes einen solchen Einfluß zuläßt, und zwar in verschiedener Weise. In zwei Fällen kann man von Reminiszenzen sprechen, in zwei anderen von einer strukturellen Integration eines Opernelementes in die Form des Konzertes.

Das Konzert KV 451 nimmt Bezug auf *Idomeneo*, eine Oper, die Mozart besonders am Herzen lag; er plante schon in der ersten Wiener Zeit eine Umarbeitung und hat sich auch 1786 damit befaßt. Indessen bleibt es bei einigen mehr oder weniger zufälligen Reminiszenzen, die nur zeigen, daß der *Idomeneo* dem Komponisten noch immer gegenwärtig war: Der Beginn des ersten Satzes erinnert an die Ouvertüre und die Überleitungstakte 54–56 im zweiten Satz zitieren eine Stelle aus dem 1. Akt, Szene VIII, Überleitung zu Szene IX (NMA II/5/11, 1. Band, S. 94).

Im Konzert KV 451 haben wir es dagegen mit einer Integration ganz andere Art zu tun; hier wird der *Tanz* in die Welt des Konzertes einbezogen. Der Refrain des Rondos ist ein regelrechter Kontretanz und seine Abwandlung im 3/8 Takt nach der Kadenz ein „Teutscher". Diese Verknüpfung von zwei Tänzen kommt auch in Mozarts Tänzen vor: In KV 463/448 c wird ein Menuett vom Kontretanz unterbrochen, in KV 462/448 b bildet ein Menuett das Intermezzo eines Kontretanzes.

Im Hinblick auf die Instrumentierung fällt auf, daß zum erstenmal seit dem Konzert KV 175 im Orchester Trompeten und Pauken mitwirken – sieht man einmal von den nichtobligaten Stimmen im Konzert KV 415/387 b ab. Sie sind von jetzt an fester Bestandteil des Orchesters in den Konzerten in C-dur, c-moll, D-dur, d-moll und Es-dur. Im übrigen spielen die gleichen Instrumente wie im Konzert KV 450, allerdings mit der Einschränkung, daß im zweiten Satz nicht nur Trompeten und Pauken, sondern auch zweite Oboe und zweites Fagott schweigen.

Der erste Satz

Im Vergleich zum Konzert KV 450 ist der erste Satz dieses Konzertes einerseits „konventioneller" im Aufbau, andererseits virtuoser, rauschender und weniger kammermusikalisch, wozu eben gerade der Einsatz von Trompeten und Pauken beiträgt. Von einem „dritten Thema" oder einem „Entrée" kann hier nicht gesprochen werden; Orchester- und Soloexposition beschränken sich auf die gleichen Themen, so daß viel Spielraum für virtuoses Passagenwerk bleibt. Die Durchführung ist in geringerem Maße eine „Phantasie-Durchführung" als im Konzert KV 450, da hier häufig auf ein Nebenmotiv zurückgegriffen wird, das sowohl im Tutti als auch in der Soloexposition verkommt, diese also weniger thematisch, sondern eher motivisch mit der Exposition verknüpft. Während die Durchführung relativ kurz ist, wird die Reprise im letzten Abschnitt vor dem Orchesterritornell stark erweitert. Die Überleitung vom ersten zum zweiten Thema ist aber im Vergleich zur Exposition wesentlich verkürzt.

Die Kadenz ist nicht thematischer Art, sondern benutzt weitgehend ein Nebenmotiv aus den Takten 10–15 der Orchesterexposition. Das Schlußritornell – mit dem ungewöhnlichèn Orgelpunkt in der Oberstimme (Flöte) – ist identisch mit den letzten acht Takten der Orchesterexposition.

Aufbau des ersten Satzes

a	Orchesterexposition	1–75		Schlußgruppe (zum Teil	
	1. Thema	1–10		eine Variante der	
	Überleitung	10–35		Takte 43–60	143–170
	2. Thema	35–43	c	Ritornell	170–185
	Nachsatz,		d	Durchführungsteil	185–219
	in drei Abschnitten	43–52	e	Ritornell, fällt mit dem	
		52–60		Beginn der Reprise	
		60–68		zusammen	219–228
	Schlußgruppe	68–75		Reprise	219–307
b	Soloexposition	76–170		1. Thema	219–228
	1. Thema	76–86		2. Thema	251–259
	Überleitung	86–128	f	Ritornell und Überleitung	
	2. Thema	128–136		zur Kadenz	307–317
	Einschub	136–143	g	Kadenz	317
			h	Schlußritornell	318–325

Der zweite Satz

Es blieb nicht Beethoven vorbehalten, mehrsätzige Werke zu komponieren, in denen thematische Bezüge zwischen den einzelnen Sätzen aufscheinen; auch Mozart hat das zuweilen getan. Es scheint aber, daß Mozart in diesem Konzert solche Bezüge zwischen den Hauptthemen geflissentlich vermieden hat. Die drei Hauptgedanken gehen von den drei damals vorhandenen Prinzipien aus: Diatonik (I), Chromatik (II), Dreiklangsbrechung (III). Die Bezüge zwischen den Sätzen sind, wie wir noch sehen werden, anderer Art. Das Andante ist ein Rondo einfachsten Zuschnittes. Der Refrain wird zweimal wiederholt und dabei gründlich variiert; die zweite Wiederholung leitet gleich in die Coda über. Der Refrain wird vom Orchester vorgestellt und moduliert schon bei der Wiederholung durch den Solisten nach D-dur, der Tonart des ersten Couplets. Dies beweist, daß die Beziehung zur Oper sich nicht auf das *Idomeneo*-Zitat beschränkt: Besonders die Takte 17–20 haben einen durchaus vokalen Charakter, sie bewegen sich an der Grenze zwischen Aria und Rezitativ; sie können als ein Schulbeispiel des „sprechenden Prinzips" in der instrumentalen Musik gelten. Die erste Wiederholung des Refrains beschränkt sich auf acht Takte; die Teilung zwischen Solo und Tutti wird aber beibehalten, nur in umgekehrter Reihenfolge.

Drei Töne der Hörner leiten über zum zweiten Couplet; das *g* der Hörner wird Terz der nächsten Tonart. dieses zweite Couplet ist – wie häufig bei Mozart – zweiteilig: Es besteht aus einer Phrase in e-moll und einer zweiten in C-dur. Diese harmonischen Vorgänge sind charakteristisch für Mozart und sowohl in Sonaten (Rondo von KV 311) als auch in Konzerten (Rondo von KV 488) zu finden. Die zweite Phrase verlangt eine Auszierung, wie Mozart im Brief vom 9. Juni 1784 bestätigt. Es ist anzunehmen, daß die von seiner Schwester Nannerl überlieferte Auszierung eben die von Mozart ist. Die ziemlich lange Rückleitung nimmt zuerst Bezug auf das erste Couplet (vgl. Takt 17–20), dann auf den Refrain selbst und zwar mit der Unterstützung eines langen Orgelpunkts (Takt 69–77).

Auch die letzte Wiederholung des Refrains ist auf acht Takte verkürzt, wiederum vier Takte Solo, vier Takte Orchester. Die Coda ist zweiteilig: Sie bringt zuerst neues Material (Takt 84–92), greift dann aber auf das erste Couplet zurück (Takt 92–99). So halten sich größte Abwechslung in den Themen und enge Beziehungen in den Zwischenspielen die Waage. Es sei noch angemerkt, daß die für den Refrain bezeichnende Chromatik in den beiden Couplets kaum eine Rolle spielt.

Aufbau des zweiten Satzes

Refrain	1–16	2. Couplet	46–63
Orchester	1–8	1. Abschnitt	46–53
Klavier und Orchester		Überleitung	53–56
(modulierend)	9–16	2. Abschnitt	56–63
1. Couplet	17–35	Überleitung	63–77
Überleitung	35–38	2. Wiederholung des	
Wiederholung des		Refrains	77–84
Refrains	38–45	Coda	84–99

Der dritte Satz

Wenn auch das Hauptthema des dritten Satzes auf einer Dreiklangsbrechung basiert und sich somit von den Hauptthemen der beiden anderen Sätze deutlich unterscheidet, so sei doch daran erinnert, daß das zweite Thema des ersten Satzes ebenfalls ein Dreiklangsthema ist; ja, sogar die Fortsetzung auf der Dominante ist beiden Themen eigen.

Die Form des dritten Satzes hat viel Ähnlichkeit mit der des Rondos von KV 450, bringt aber auch Neues. Es handelt sich um eine „große" Rondoform, und auch hier ist das zweite Couplet zweiteilig. Der Unterschied zu KV 450 besteht darin, daß in diesem Fall der erste Teil des zweiten Couplets in der Mollparallele steht und der zweite Teil eine Durchführung *zweier* Themen enthält, nämlich des Refrains und des ersten Couplets. Der zweite Unterschied besteht in der Taktänderung nach der Kadenz und in der Tatsache, daß das erste Couplet auch in der Coda noch einmal aufscheint.

Schließlich sei noch auf ein Baßmotiv hingewiesen, das sowohl im ersten als auch im dritten Satz klingt

Erster Satz, Takt 102

Dritter Satz, Takt 176 ff.

und das durch seine sequenzmäßige Behandlung die Funktion erhält, die Entwicklung voranzutreiben und in neue Bereiche vorzustoßen. Das gleiche Motiv bildet den Baß des *Idomeneo*-Zitats im zweiten Satz.

Der Solist bietet, nachdem das Orchester den zweiteiligen Refrain vorgestellt hat, ein eigenes Entrée, dem – da es auch nach dem zweiten Couplet wiederkehrt, jedoch nicht verarbeitet wird – eine nebenthematische Bedeutung zukommt, gleichsam als Fortsetzung des Refrains. Das Entrée wird von einer kurzen Orchesterfanfare vorbereitet (Takt 16–20); diese verbindet auch das Entrée und seine Wiederholung, die dann nicht mehr abgeschlossen wird, sondern mittels zweier Sequenzketten zur Zwischendominante führt (Takt 53). In Takt 55 setzt dann das erste Couplet ein; hier findet eine metrische Überschneidung statt, wie wir sie aus der Ouverture zu *Le nozze di Figaro* kennen: Das Klavier schließt in Takt 55 auf Zahlzeit „Eins" ab, das Thema des Couplets aber, das aus zwei einander entsprechenden, viertaktigen Teilen besteht, setzt gleichzeitig auf „zwei" ein.

KV 451, Dritter Satz, Takt 53–58

Ein kurzer Nachsatz führt zum Abschluß in Takt 92; eine ebenfalls kurze Überleitung, in der Zweitakter und Dreitakter einander abwechseln (Takt 92–93, 94–96, 97–99, 100–103), führt zur vollständigen Wiederkehr des Refrains mit ausgeschriebenen Wiederholungen und, besonders im zweiten Teil, einer interessanten Neufassung der Oberstimme.

Für Mozart ziemlich ungewöhnlich, wenigstens in diesem Stadium seiner Entwicklung, ist der Beginn des zweiten Couplets: Es wird nämlich überhaupt nicht eingeleitet. Die Wiederholung des Refrains wird in Takt 135 abgeschlossen, gleich anschließend setzt das neue Thema ein, das unregelmäßig strukturiert ist: acht + vierzehn Takte. Im abschließenden Takt 157 ereignet sich eine ähnliche metrische Überschneidung wie in Takt 55: Hier setzt die Mollvariante des ersten Couplets ein. Das ist das Signal für eine Durchführung, zu der sowohl der Refrain als auch das erste Couplet gehören. So wird die Verquickung des Rondo- und des Sonatenprinzips hergestellt, wobei das eigentliche zweite Couplet mehr oder weniger Episode bleibt. In späteren Konzertrondos wird Mozart radikaler zu Werke gehen und für diesen Teil des Satzes ein neues Thema ganz ausschalten.

Wie im Konzert KV 450 führt diese Durchführung zu einem Orgelpunkt und zwar auf *Cis* (Takt 202), d.h. der Dominante von fis-moll. Die Rückleitung geht noch rascher vor sich als im B-dur Konzert, da der verminderte Septakkord nicht aufscheint.

KV 451, Dritter Satz, Takt 206–214
(Harmonie, vgl. KV 450, Dritter Satz, Takt 198–205)

Mit dem Auftakt vor Takt 214 beginnt die zweite, wiederum vollständige und variierte Wiederholung des Refrains (Takt 214–245). Die „Fanfare" und das „Entrée" erklingen jetzt nur einmal, die anschließende Überleitung verläuft erwartungsgemäß und führt in den Takten 265–271 zur Vorbereitung des zweiten Eintritts des ersten Couplets (in D-dur). Der Verlauf ist bis einschließlich Takt 302 vollkommen analog zu den Takten 55–86. Die anschließenden Takte 303–313 bereiten die Kadenz vor. Nach der Kadenz wird die Wiederholung des Refrains in einen Deutschen Tanz verwandelt, unter Ausschaltung des Auftaktes. Die anschließende Coda bringt sowohl neues Material als auch eine Verwandlung des ersten Couplets, diesmal ohne metrische Überschneidung (siehe Takt 361–362!), was den Tanzcharakter dieser Verwandlung betont: Ein Tanz verlangt klare metrische Sprache. In den Abschlußtakten (377 f.) werden Dreiklangmotive des Refrains und der Fanfare kombiniert; außerdem enthält diese Schlußgruppe noch eine metrische Ungewöhnlichkeit, denn die Takte 385–387 bilden einen Dreitakter innerhalb einer Reihe von Zweitaktern.

Aufbau des dritten Satzes

Refrain (Orchester)	1–16	Entrée des Solisten	21–28
1. Abschnitt		Wiederholung der Fanfare	28–32
(mit Wiederholung)	1–8	Fortsetzung des Entrées	
2. Abschnitt (ebenso)	9–16	und Überleitung	33–55
Orchesterfanfare,		1. Couplet	55–70
als Einleitung zur	16–20	Schlußgruppe	70–92

Zusammenfassung: Das Konzert KV 451 entwickelt die Errungenschaften des Konzertes KV 450 logisch fort. Als wichtigste Unterschiede sind zu nennen:

1) die Beschränkung auf zwei Themen im ersten Satz;
2) die Hinzufügung von Trompeten und Pauken;
3) die Beschränkung der Instrumentation im zweiten Satz;
4) der Durchführungsteil des 2. Couplets im dritten Satz, der auf zwei Themen basiert;
5) die Veränderung der Taktart und der damit verbundene Tanzcharakter nach der Kadenz im letzten Satz.

Die beiden von Mozart komponierten Kadenzen sind, aufgrund des Gleichgewichtes zwischen Motivik und Brillanz, Musterbeispiele ihrer Art.

Vor der Behandlung des nächsten Konzerts möchte ich noch auf folgendes hinweisen. Ich bin aber der festen Überzeugung, daß ein direkter Zusammenhang zwischen diesem Werk und Mozarts Beschäftigung mit dem Klavierkonzert mit obligaten Bläsern besteht. Nachdem er dem traditionellen Ensemble von Klavier und Streichern die Gruppe der konzertierenden Blasinstrumente hinzugefügt hatte, ist er offenbar auf den Gedanken gekommen, nun die Streichinstrumente auszuschalten und die Bläser ihre volle Selbständigkeit auskosten zu lassen. So entstand ein Werk, das – neben der *orchestralen Kammermusik*, wie sie die Klavierkonzerte verkörpern – als *konzertierende Kammermusik* bezeichnet werden könnte. Von diesem Moment an sind alle Kammermusikwerke Mozarts mit Klavier ihrem Wesen nach dem Klavierkonzert verwandt.

4. Konzert G-dur, KV 453

Dieses Konzert nimmt in vielerlei Hinsicht eine Sonderstellung ein. Seit dem Pasticcio-Konzert KV 41 hat Mozart kein Klavierkonzert in G-dur geschrieben, und es wird auch keines mehr folgen. Zudem ist das Konzert nicht in erster Linie für den eigenen Gebrauch, sondern – wie das Konzert KV 449 – für Mozarts Schülerin Barbara Ployer (1765 – längstens – 1811) geschrieben, die es am 10. Juni 1784 gespielt hat. Und schließlich ist es eines der beiden Konzerte, deren Finale in Variationenform konzipiert ist (das andere Konzert ist jenes in c-moll, KV 491); und diese Variationen weichen, wie wir noch sehen werden, durch die besondere Behandlung der Coda, erheblich von der Norm ab. Die Tatsache, daß das Konzert für Barbara Ployer bestimmt war, hat keinen wesentlichen Einfluß auf die Komposition gehabt; im Gegenteil, Mozart stellt es selber, auch in technischer Hinsicht, in eine Reihe mit den Konzerten KV 450 und 451. Auch setzt es den mit dem Konzert KV 450 inaugurierte Einsatz der Blasinstrumente fort.

Der erste Satz ist durch zwei auffällige harmonische Merkmale gekennzeichnet: a) die Verwendung des Trugschlusses von der 5. zur erniedrigten 6. Stufe an drei entscheidenden Stellen; b) die häufige Verwendung von Enharmonik im Durchführungsteil.

Die Orchesterexposition umfaßt 74 Takte und enthält zwei Themen, die beide in der Soloexposition wiederkehren. Der Solist hat kein eigenes „Entrée", bietet dafür aber ein drittes Thema. Für eine richtige Wiedergabe des Satzes ist es wichtig, sich bewußt zu sein, daß der erste Takt nicht der wirklich erste Takt des Stückes ist, sondern ein „Großauftakt"; der erste metrische Akzent ist das erste Viertel des zweiten Taktes. Diese metrischen Verhältnisse werden bestätigt durch die Takte 74–75 (Eintritt des Solisten) und 226–227 (Beginn der Reprise). Beide Male wird dem Anfangstakt noch ein Auftakt vorangestellt; die metrischen Schwerpunkte fallen auf den 1. Taktteil, der diesem wiederum vorangeht (Takt 74 bzw.

226). Auch der Einsatz der Bässe in Takt 2, 6, 76, 228 und 232 beweist, daß hier der Anfang der jeweiligen metrischen Einheiten liegt. Übrigens bedeutet das nicht, daß das Konzert ausschließlich aus regelmäßigen Zweitaktern besteht; diese werden im Gegenteil des öfteren von Dreitaktern abgewechselt, so etwa in den Takten 13–16, 17–20, 21–24, 71–74.

Der Marschrhythmus mit punktierter Figur im 2. Taktteil, der die Anfangsthemen der Konzerte KV 415, 451, 456 und 459 kennzeichnet, ist hier einigermaßen gemildert, „melodisiert", könnte man sagen; eine dreitönige Figur tritt an die Stelle der Tonwiederholung. Dieser Rhythmus hat außerdem im Verlauf des Satzes eine eher nebensächliche Bedeutung.

Die Orchesterexposition hat einen normalen Aufbau. Nach der Vorstellung des ersten Themas, größtenteils piano, folgt in den Takten 16–31 eine Überleitung, die zur Dominante zu führen scheint; in vier Takten (31–35) vollzieht sich jedoch die Rückleitung zur Tonica.

Das erste Thema weicht schon in Takt 4 in die Subdominante aus, kehrt aber in Takt 8 zur Tonica zurück und schließt in Takt 16 ab. Das unregelmäßig gebaute zweite Thema (zweimal sieben, d.h. vier + drei Takte) wiederholt in kleinem Rahmen den Modulationsvorgang vom ersten Thema und Überleitung, wobei die Verbindung der unterschiedlichen Stufen auf chromatischem Wege vor sich geht (vgl. besonders die Stimmen der zweiten Violinen und der Bratschen).

Das zweite Thema wird in Takt 49 abgeschlossen – wenigstens melodisch; hier erklingt nämlich der erste Trugschluß, wodurch sich der Abschluß auf Takt 57 verschiebt. Dieser Trugschluß findet seine Entsprechungen im Beginn des Durchführungsteils, Takt 184, und kurz vor der Kadenz, Takt 319.

Die Takte 57–74 bilden die Schlußgruppe, in der vor allem die zweimalige, sehr lange Durchgangsnote (Takt 58 und 62) interessant ist.

Die Soloexposition folgt in großen Linien dem Vorbild der Orchesterexposition, geht aber ab Takt 100 eigene Wege und moduliert rasch nach D-dur, dessen Dominante in Takt 106 erreicht wird. Das zweite Solothema (drittes Thema) setzt in

Takt 110 ein, zuerst vom Solisten allein präsentiert, dann (Takt 118) von den Streichern gestützt und vier Takte später von den Bläsern begleitet – in kleinstem Rahmen scheinen hier die drei Komponenten des modernen Klavierkonzertes auf. Im anschließenden Nachsatz bringen die Sequenzen ab Takt 126 eine leichte Molltrübung; sie führen in Takt 133 zum Motiv, das in der Orchesterexposition das zweite Thema vorbereitet (vgl. die Takte 133–139 und 29–35). Das zweite Thema erscheint nun in D-dur (Takt 139–153); daran schließt sich die Schlußgruppe an und bringt die Exposition in Takt 171 zum Abschluß. Das kurze Ritornell ist, wie gewöhnlich, aus Elementen der Orchesterexposition aufgebaut. Weniger üblich ist der Aufbau des Durchführungsteils, der mit dem Trugschluß (B-dur in D-dur) in Takt 184 einsetzt. Die anschließende Harmonienfolge gemahnt an Schubert und macht begreiflich, daß Mozart öfter als Beispiel der romantischen Musik bezeichnet wurde (E.T.A. Hoffmann). Merkwürdig übrigens, daß diese Harmonienfolge mit ihren vielen enharmonischen Umdeutungen einen Vorläufer hat, den Mozart wohl kaum gekannt haben wird, nämlich das Präludium (Phantasie) in g-moll für Orgel von Johann Sebastian Bach (BWV 542).

Erster Satz, Takt 186–203 (Harmonie)

In diesem Durchführungsteil halten die Streicher die Harmonien aus, die Bläser teilen sie in Viertel auf, das Klavier umspielt sie mit Triolenfiguren. Mit Ausnahme der Wiederholungen in den Takten 186–187 und 194–195 bringt jeder Takt eine neue Harmonie. Innerhalb von zwanzig Takten wird viermal ein Akkord enharmonisch umgedeutet, dreizehn Tonarten werden berührt. Das Endresultat ist ein Halbtonschritt (B-H, Flöte, Takt 201–203), dem in den anschließenden acht Takten eine weitere Modulation, ebenfalls einen Halbtonschritt umfassend (H–C) folgt. Der ganze Vorgang mag die von Herrn Ployer geladenen Gäste am 10. Juni 1784 in Staunen versetzt haben (und das tat sicher auch das Larghetto des Quintetts KV 452, das am gleichen Abend gespielt wurde). Soweit hatte der Durchführungsteil den Charakter einer „Phantasie"; erst in den folgenden Takten kehren allmählich thematische Elemente wieder, so in den Takten 211 ff., in denen die Doppelschlagfigur eindeutig dem dritten Thema (Takt 112) entnommen ist. Bis auf eine kleine Verkürzung – die Takte 164–166 finden in der Reprise keine Entsprechung – verläuft die Reprise konventionell. Der Trugschluß in Takt 319 ist mit „Trugdynamik" verbunden: Das *Piano* folgt *subito* einem *crescendo*. Das Schlußritornell ist wesentlich anspruchsvoller als etwa in den Konzerten 450 und 451; mit seinen 22 Takten kündigt es schon die sinfonischen Konzerte (s. S. 101) an.

Aufbau des ersten Satzes

a	Orchesterexposition	1–74
	1. Thema	1–16
	Überleitung zur Dominante	16–29
	Rückleitung	29–35
	2. Thema	35–49
	Nachsatz	49–57
	Schlußgruppe	57–74
b	Soloexposition	74–171
	1. Thema (erweitert und variiert)	74–94
	Überleitung	94–110
	3. Thema (ohne definitiven Abschluß)	110–121
	Freie Fortsetzung und Überleitung (unter Verwendung eines Motivs aus den Takten 29–34)	121–139
	2. Thema	139–153
	Schlußgruppe	153–171
c	Ritornell	171–184
d	Durchführungsteil	184–226
	1. Abschnitt	184–203
	2. Abschnitt	203–226
e	Reprise	226–319
	1. Thema (auf Soloklavier und Orchester verteilt)	226–242
	Überleitung (zum Teil identisch mit entsprechenden Takten in der Orchesterexposition)	242–261
	3. Thema	261–272
	Fortsetzung, analog zur Exposition und mit zunehmender Verwendung des Motivs aus den Takten 29–34	272–290
	2. Thema	290–304
	Schlußgruppe	304–319
f	Ritornell	319–327
g	Kadenz	327
h	Schlußritornell	328–349

Der zweite Satz

Das Andante ist der letzte Mittelsatz in einem Mozartschen Klavierkonzert, in dem noch eine Kadenz des Solisten verlangt wird. In den späteren Konzerten wird die Bedeutung der langsamen Sätze immer größer, die Virtuosität geringer und der Spielraum für eine zusätzliche Aufgabe des Solisten immer kleiner. Der Einsatz der Bläser gemahnt sehr an jenen im zweiten Satz des Konzertes KV 451, wenn auch 2. Oboe und 2. Fagott hier nicht schweigen. Der Satz weist ausnahmsweise die Form eines regulären Sonatenhauptsatzes auf, mit ziemlich ausführlicher Durchführung. Die Fermatenzeichen in den Takten 5, 34, 68 und 94 geben sicherlich keinen Anlaß zur Auszierung; in Takt 33 und 93 wäre eine Auszierung möglich, besonders da die Fermatenzeichen über einer Note und nicht über einer Pause stehen.

Genau wie ein Allegrosatz wird das Andante von einer Orchesterexposition eröffnet, die zwei Themen enthält sowie eine Schlußgruppe, der fast thematische Bedeutung zukommt. Ungewöhnlich ist, daß das erste Thema schon innerhalb von fünf Takten in die Dominante ausweicht und somit keinen Abschluß hat; die Takte nach der Fermate vervollständigen das Thema nicht, sondern bereiten vielmehr das zweite Thema vor. Die Schlußgruppe schließt sich diesem gleich an. Der ganze musikalische Vorgang hat einen fast improvisatorischen Charakter – ein Eindruck, der von den vielen Fermaten verstärkt wird. Auch das zweite Thema hat keinen üblichen Abschluß: Es beginnt mit dem Auftakt vor Takt 10 (Fagott), wird in freier kanonischer Weise weitergeführt und erreicht in Takt 18 einen Halbschluß. Erst in Takt 25 wird die Tonica festgelegt; es folgt die Schlußgruppe – fünftaktig, wie die Exposition des ersten Themas.

In der Soloexposition setzt der Solist nach der Fermate mit einem ganz neuen Gedanken in g-moll an, der dann zur Zwischendominante führt. Der neuen harmonischen Lage entsprechend setzt das Fagott das zweite Thema nicht mit dem gebrochenen Tonicaakkord, sondern mit dem Akkord der

Zwischendominante ein. Außerdem wird der Kanon durch das Hinzutreten des Klaviers vierstimmig und die Fortsetzung völlig verändert – wiederum klingt alles wie eine Improvisation! Die Schlußgruppe wird von fünf auf elf Takte erweitert. Der elfte Takt ist gleichzeitig der erste der Durchführung. Nachdem der Satz von den Streichern eröffnet wurde und die gleichen fünf Takte zu Anfang der Soloexposition vom Klavier gespielt wurden, ist es kein Wunder, daß die Holzbläser jetzt die Durchführung mit der transponierten Wiederholung der Anfangstakte beginnen. Die Beantwortung des Klaviers entspricht tonartlich der Exposition (s. Takt 35): d-moll nach dem Abschluß auf dem D-dur Akkord in Takt 68. Der weitere Verlauf der Durchführung ist eine modulierende Sequenz eines zweitaktigen Abschnitts, die schließlich (in Takt 86) zur Dominante von cis-moll führt. Dazu bedarf es 13 Takte; die atemraubende, pianissimo einsetzende Rückleitung nach C-dur vollzieht sich in vier Takten. Wie gewöhnlich spielt die Chromatik hier eine wesentliche Rolle: gis + *his* + dis, gis + *h* + dis, gis + *h* + d + e, *g* + h + d + f.

Notengetreue Wiederholungen werden bei Mozart im Laufe der Jahre 1784–1791 immer seltener; sie werden oft von „Entsprechungen" abgelöst. Die Takte 90–94 sind, bis auf eine winzige Verzierung in Takt 92, eine Wiederholung der Takte 30–34; die Takte 19–22 kehren in Takt 111–114 unverändert wieder – aber dabei bleibt es. An allen Stellen, die bei oberflächlicher Betrachtung wie „Wiederholungen" anmuten, ist irgend etwas verändert, meistens mittels Umspielungen im Solopart.

Die Fortsetzung nach der Fermate in Takt 94 setzt jetzt nicht in g-moll, sondern in Es-dur ein; die erniedrigte sechste Stufe (Es) nach dem zuletzt erklungenen Akkord in Takt 94 (g+h+d) erinnert an die drei Trugschlüsse im ersten Satz. Die Musik kehrt nach diesem überraschenden Einsatz allmählich zur Welt der Orchesterexposition zurück. Entscheidend dafür sind die hochinteressanten Takte 99–102; besonders die Takte 99–100, in denen das Motiv der Streicher, h-c-g, im Klavier in verkleinerter Form gespiegelt wird: g-as-e-(f), f-(fis)-g-d-(f-es).

Wie in der Soloexposition enthält das kanonische zweite Thema vier Einsätze (Fagott, Oboe, Flöte, Klavier).

Nach der Kadenz ergreifen die Holzbläser, wie zu Beginn der Durchführung, das Wort; das Klavier findet in der Fortsetzung (Takt 127 f.) zur Schlußgruppe zurück. Der Höhepunkt der Durchführung (Takt 86) und die Schlußtakte (134–135) sind die einzigen Stellen, an denen Mozart *pianissimo* vorschreibt – es sind die Momente, da man den Atem anhält.

Aufbau des zweiten Satzes

Orchesterexposition	1–29	Reprise	90–135
1. Thema	1–5	1. Thema	90–94
2. Thema	10–24	Neue Überleitung	95–102
Schlußgruppe	25–29	2. Thema	103–120
Soloexposition	30–64	Überleitung zur Kadenz	120–122
1. Thema	30–34	Kadenz	122
Überleitung	35–42	Nachspiel und erweiterte	
2. Thema	43–54	Schlußgruppe	123–135
Schlußgruppe	54–64	Variante des 1. Themas	123–127
Durchführung	64–90	Schlußgruppe	130–135

Der dritte Satz

Die ersten 170 Takte des dritten Satzes bieten bei der Analyse kaum Probleme, umsomehr aber bei der Interpretation. Die Bezeichnung *Allegretto alla breve* kann leicht zu einem zu schnellen Tempo verführen, das in den Variationen 1, 2 und 4 mühelos einzuhalten ist, nicht aber in den Variationen 3 und 5. Die Annahme, daß es sich hier um „Charakter-Variationen" handle, mit der man einen wiederholten Tempowechsel zu begründen sucht, scheint uns dem Geist dieser Musik zu widersprechen. In mehreren Variationenwerken hat Mozart einen gewünschten Tempowechsel ausdrücklich angegeben. In dieser Variationenreihe hat Mozart keine Adagio-Variation eingeschaltet, wohl aber ihr eine mit den Worten „Finale. Presto" bezeichnete Coda angehängt – das sind zwei Hinweise darauf, daß das Thema und die fünf Variationen in *einem*, nicht zu schnellen Tempo gespielt werden sollen.

Obgleich das Thema aus zwei achttaktigen Perioden besteht, die beide wiederholt werden, ist die metrische Struktur keineswegs einfach. Sie ist nämlich gleich am Anfang zweideutig: Der erste Takt läßt sich als eine „Eins", aber auch als ein Großauftakt deuten. Bei den Presto-Wiederholungen in der Coda (Takt 248 und 330) ist letzteres offensichtlich der Fall.

Die Wiederholung der beiden Teile des Themas ist obligatorisch, denn mit Ausnahme der ersten Variation werden die Wiederholungen immer separat variiert. In den Variationen zielt Mozart auf die größtmögliche Abwechslung. Im Thema ist das ganze Orchester beschäftigt, wobei die Flöte den Violinen eine zusätzliche Farbe verleiht.

Zur ersten Variation kommen Klavier und Streicher, in der zweiten abwechselnd Klavier mit Bläsern und Klavier mit Streichern zu Einsatz. Mehr oder weniger traditionell ist die zunehmende Verkürzung der Notenwerte in Figuration und Begleitstimme: Achtel in der ersten, Achteltriolen in der zweiten, Sechzehntel in der dritten Variation. In der dritten Variation tritt das ganze Orchester in Erscheinung, und zwar in etwas freierer Weise als zuvor. Sie ist „ganz mit blasenden Instrumenten obligirt" – zuerst nur mit den Holzbläsern (Takt 64–72), dann, ab Takt 84, auch mit Hörnern. Das auch in harmonischer Hinsicht recht harmlose Thema bietet kaum Möglichkeiten zu modulatorischen Ausschweifungen, an denen die vorangehenden Sätze eben sehr reich sind. Dafür bringt die vierte Variation ungeheuere Gegensätze. Alles ist plötzlich verändert: Moll statt Dur; Pianissimo-Dynamik; Synkope als wesentlicher Bestandteil des melodischen Verlaufs (sie wurde in den Takten 93–95 ganz vorsichtig vorbereitet). Die Unterschiede sind so groß, daß man kaum merkt, daß es sich um eine Variation handelt und eher geneigt ist, die ganze Episode für ein freies Intermezzo zu halten. (Diese Idee wird Mozart in den Konzerten KV 482 und 491 aufgreifen und weiterentwickeln.)

Der Fortissimo-Einsatz des ganzen Orchesters in Takt 128 führt den Hörer sozusagen in die Realität zurück: Er klingt fast, als ob der Komponist davor habe warnen wollen, die Moll-Episode allzu ernst zu nehmen. Diese fünfte Variation könnte, um eine Coda erweitert, den glänzenden Abschluß der Reihe bilden. Sie ist bis Takt 160 sehr regelmäßig gebaut: acht Takte Tutti, acht Takte Solo, wiederum acht Takte Tutti, acht Takte Solo – in Takt 160 könnte die Coda beginnen. statt dessen wiederholt Mozart die Takte 156–159 in neuer Gestalt, wobei er im Streichorchester zurückgreift auf ein Motiv der Takte 93–95, diesmal aber nicht synkopiert. Diese kleine Phrase wird in der Art einer Sequenz weitergeführt, bis in Takt 170 die Dominante erreicht ist; die Fermate in Takt 169 sollte wohl ausgeziert werden.

In Takt 171 beginnt der Teil, der wohl als einer der originellsten Einfälle in Mozarts gesamtem Konzertschaffen anzusehen ist. Es ist die Instrumentalfassung der Coda eines Opernfinales, in die zwar an zwei Stellen das Variationsthema eingearbeitet wird, sonst aber thematisch selbständig ist. Eine Tempoänderung kommt in diesem Finale nicht mehr vor, ebensowenig eine Modulation (höchstens hin und wieder ein Ausweichen in die Dominante). Genau wie eine Opern-Coda besteht dieses Finale aus mehreren Abschnitten.

Aufbau des dritten Satzes

Thema	1–16	Coda	171–346
1. Periode (mit Wiederholung)	1–8	Gliederung der Coda:	
2. Periode (ebenfalls)	9–16	a	171–193
1. Variation (beide Teile		a'	194–221
wiederholt)	7–32	b	222–233
2. Variation (mit ausge-		c	233–248
schriebenen, eigens variierten		d (Variante	
Wiederholungen, so auch in		des Variationsthemas)	248–272
den folgenden Variationen)	33–64	b'	273–284
3. Variation	65–96	c'	284–306
4. Variation (in g-Moll)	97–128	e	306–330
5. Variation	129–160	d' (Variante	
Erweiterung der		des Variationsthemas)	330–342
5. Variation, zur		f	342–346
Vorbereitung der Coda:	160–170		

Die im Konzert KV 450 inaugurierten Instrumentations-
prinzipien finden hier ihre logische Fortführung; das ist auch
in den Konzerten KV 450 und 459 der Fall. Wir werden darauf nicht mehr zurückkommen und nur die Eigenheiten eines
jeden Konzertes besprechen.

Den Bläsern fallen drei Rollen zu:

1) solistische Betätigung, sei es der ganzen Gruppe oder einzelner Instrumente, dem Streichkörper und/oder dem Klavier gegenüber;
2) solistische Betätigung ohne Mitwirkung anderer Instrumente;
3) Verstärkung der Streicher im Tutti.

Übrigens hat die melodische Vorherrschaft der Blasinstrumente nicht zur Folge, daß die Streichinstrumente zu kurz
kommen. Man braucht nur eine zweite Violinstimme oder eine Bratschenstimme zu studieren, um festzustellen, daß diese
zwar untergeordnet sind, aber ein eigenes Leben führen.

5. Das Konzert B-dur, KV 456

Das Konzert in B-dur, KV 456, ist aller Wahrscheinlichkeit
nach jenes, das Mozart für die Pianistin Maria Theresia Paradis geschrieben hat; da er die Konzerte KV 450 und 451
ausdrücklich als Werke erwähnt, die er selber vorgetragen
habe, und die Konzerte KV 449 und 453 für seine Schülerin
Barbara Ployer komponiert wurden, kommt nur dieses Konzert in Frage. Zudem enthält die Solostimme – entgegen Mozarts Gewohnheit – einige dynamische Bezeichnungen, genau
wie das Konzert KV 271, das ja auch nicht in erster Linie für
den eigenen Gebrauch bestimmt war. Daß in den Ployer-
Konzerten solche Bezeichnungen *nicht* vorkommen, hängt
wohl damit zusammen, daß Barbara Ployer seine Schülerin
war und die Konzerte nach seinen Anweisungen eingeübt hat.

Die Orchesterbesetzung des Konzertes entspricht jener der
Konzerte KV 450 und 453. Obgleich bei Mozart oft Werke,

die in der gleichen Tonart stehen, eine gewisse Ähnlichkeit im
Charakter aufweisen, sei in diesem Falle betont, daß das Konzert einer „ganz anderen Welt" angehört, als das Konzert KV
450. Mit seinem Mittelsatz in g-moll weist es eher auf *Die
Entführung aus dem Serail* hin (z.B. die Arie Nr. 10); der h-
moll Mittelteil des Rondos erinnert an die Sturm-und-Drang
Periode, der Mozart mit der Phantasie KV 475 und der Sonate KV 457 ein letztes Monument errichten sollte. Das Hauptthema des ersten Satzes zitiert ein Konzert von Johann Christian Bach (op. 13 Nr. 4), ebenfalls in B-dur. Außerdem spielt
Mozart in den Takten 53, 55, 149, 151, 299 und 301 auf die
Takte 2–4 des gleichen Konzertes an. Gerade dieses Werk
war sehr populär, was aus der großen Anzahl von Einzelaus-
gaben bis zum Anfang des 19. Jahrhunderts hervorgeht. Es ist
kaum anzunehmen, daß Mozart dieses Konzert nicht gekannt
hat.

Die Beziehungen zur jüngsten Vergangenheit sind also auffällig, ebenso aber auch die Hinweise auf eine noch entfernte
Zukunft, wie wir noch sehen werden.

Die Struktur des ersten Satzes ist konventionell – der Solist
setzt nicht mit einem eigenen Thema oder einem „Entrée" ein,
sondern mit einer unveränderten Übertragung des ersten Orchesterthemas. Dafür fängt der Durchführungsteil, der sonst
strikt motivisch ist, mit einem neuen Gedanken an. Auch die
Proportionen weichen nicht von den bis dahin üblichen ab.
Die Orchesterexposition weist zwei Themen auf, beide in der
Grundtonart; ein drittes Thema gibt es weder hier noch in der
Soloexposition, es sei denn, daß man die in Takt 102 (bzw.
259) einsetzende Phrase, die eher den Charakter eines vermit-
telnden Themas hat, hinzuzählt.

Aufbau des ersten Satzes

a	Orchesterexposition	1–69		Nachsatz	47–61
	Erstes Thema	1–18		Abschluß	61–69
	Überleitung	18–39	b	Soloexposition	70–173
	1. Teil	18–27		Erstes Thema	70–87
	2. Teil	28–39		Überleitung	87–101
	Zweites Thema	39–47		Vermittelndes Thema	102–109

Der zweite Satz

Das *Andante un poco sostenuto* nimmt in mehreren Hinsichten eine Ausnahmestellung ein. Es ist der erste Mollsatz seit dem Andantino im Konzert KV 271; er ist in Variationenform geschrieben, der sich Mozart sonst nur in den Mittelsätzen der Konzerte KV 450 und 482 bediente (im letzteren Fall ist eigentlich die Rede von einer Kombination von Rondo- und Variationenform). Außerdem ist das zweiteilige Thema unregelmäßig gebaut: acht plus dreizehn Takte; der zweite Teil ist wie folgt strukturiert: 4 + 2 + 2 + 2 + 3.

In der Periode der ersten „großen" Klavierkonzerte fanden drei Aufführungen der *Entführung* statt, die Mozarts Wunsch, eine Oper zu schreiben, aufs Neue angefacht haben werden. So ist es wohl auch erklärlich, daß die Einleitungstakte der Arie Nr. 10 aus dieser Oper in erweiterter Form die Anfangstakte des Themas bilden. Außerdem wird der Anfang des Basses in der 2. und 5. Variation chromatisiert.

Wie so oft in Mozarts Variationenreihen, die auf einem eigenen Thema aufgebaut sind, ist das Thema selber schon fast eine Variation, d. h.: Thema und Variationen sind Varianten eines nicht gehörten, eines verschwiegenen Themas.

Die Entführung aus den Serail, Arie Nr. 10, Einleitungstakte

Konzert KV 456, Anfang des zweiten Satzes

Konzert KV 456, 2. Satz,
Anfang des Basses der 2. und 5. Variation

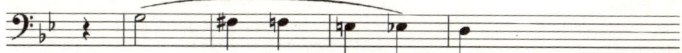

An der ersten Variation beteiligen sich nur Klavier und Streicher; die Wiederholungen entsprechen dem Thema. Auffällig
ist die dynamische Bezeichnung des Klavierpartes, die in den
Takten 27–28 die (angeblich) Beethovensche Folge aufweist:
ein *crescendo* das zu einem *p* führt. Von der zweiten Variation an werden die Wiederholungen der Thementeile selbständig variiert; die Holzbläser sind in den Takten 43–50 und
59–71 führend. Abgesehen vom figurativen Solopart besteht
die Variation hauptsächlich in Veränderung der Instrumentation; die melodischen Linien in den Takten 51–58 und 72–84
sind, abgesehen von kleinen Änderungen in Dynamik und
Artikulation, identisch mit denen des Themas.

Die folgende Variation bringt eine regelrechte „Tutti"- und
„Solo"-Abwechslung: Die jeweilige Wiederholung wird nur vom

Solisten vorgetragen. Die Dur-Variation verkürzt das Thema auf zweimal acht Takte, wobei übrigens in der Wiederholung des zweiten Teils durch Einschub einer Pause die Periode auf neun Takte ausgedehnt wird, was den Effekt der Wiederkehr des Moll in der nächsten Variation sicher verstärkt.

In dieser letzten Variation wird auf die Wiederholungen verzichtet, die orchestralen Möglichkeiten aber voll ausgeschöpft. Dem erwarteten Schluß in Takt 180 folgt gleich eine ausführliche Coda, die die Motive des Themas noch einmal von verschiedenen Seiten präsentiert und den Satz – einen der längsten in Mozarts Konzerten! – nach 29 Takten zum Abschluß bringt.

Aufbau des zweiten Satzes

Thema	1–21	3. Variation	85–126
1. Periode		4. Variation (G-Dur;	
(mit Wiederholung)	1–8	verkürzt, eher als	
2. Periode	9–21	Intermezzo aufzufassen)	127–159
1. Variation		5. Variation	
(beide Teile wiederholt)	22–42	(ohne Wiederholungen)	160–180
2. Variation (mit		Erweiterung der	
ausgeschriebenen, eigens		5. Variation zur	
variierten Wiederholungen,		Vorbereitung der Coda	180–185
ebenso in den folgenden		Coda	185–209
Variationen)	43–84		

Der dritte Satz

Das Rondo gehört zu den erstaunlichsten Schöpfungen Mozarts im Bereich des Konzertes. Wie die Finalsätze der Konzerte KV 450 und 595 ist es im 6/8 Takt geschrieben; der formale Aufbau der drei Finali weist gewisse Ähnlichkeiten auf. Die tonalen Beziehungen der einzelnen Abschnitte weichen in diesem Konzert aber in jeder Hinsicht vom Üblichen ab. Zwar steht der Alternativsatz in einer Moll-Tonart, aber weder in g-moll (das in KV 450 wenigstens angedeutet wird), noch in b-moll (das für den Durchführungsteil des Konzertes KV 595 bezeichnend ist), sondern in h-moll. Die chromatische Relation zwischen Sätzen oder Satzteilen ist in dieser Zeit noch äußerst selten, Beispiele sind etwa die Sinfonie in D-dur. Wq 183 Nr. 1, mit Mittelsatz in Es-dur, von C. Ph. Em. Bach, und die Klaviersonate in Es-dur, Hob. XVI: 52, mit Mittelsatz in E-dur, von Joseph Haydn, und in Mozarts Gesamtwerk ein Unicum. Dazu kommt noch, daß Tempo und Grundmetrum zwar gleich bleiben, die Taktart aber in den Holzbläsern und im Klavier in 2/4 verwandelt wird, während die Streicher den 6/8 Takt beibehalten.

Wie öfter in Finalsätzen wird das Rondothema (der Refrain) zuerst vom Solisten vorgetragen, dann vom Orchester übernommen und zu einem Ritornell erweitert. Der Solist bringt dann ein neues Thema, das aber nicht etwa das erste „Couplet" ist, sondern in der Haupttonart steht und somit noch zum Kreis des Refrains gehört. Es ist mehr als ein „Entrée", denn es kehrt diesmal auch nach dem Mittelteil wieder. Auch hier würde ich den Terminus „komplementäres erstes Thema" vorschlagen.

Diesem zweiten Glied des ersten Themas folgt der modulatorische Teil, der dann zum ersten Couplet in F-dur führt. Auch hier wird das Thema zuerst in der Hauptsache vom Solisten vorgetragen, mit einem kleinen Einwurf der Holzbläser, dann von diesen wiederholt, mit einem „Kommentar" vom Klavier. Die Fortsetzung wird in Takt 128 abgeschlossen; ein kurzes Nachspiel, das dem ersten Tutti entlehnt ist, führt zur Bestätigung der Dominante; einen Eingang bildet die Brücke zur ersten Wiederholung des Refrains. Diese verläuft zunächst regulär, nach achtzehn Takten aber folgt eine chromatische Modulation, die möglicherweise Beethoven inspiriert hat, als er die Einleitung zum Finale seines Quartetts in B-dur, op. 18 Nr. 6 („La Malinconia") schrieb. Der Mittelteil ist jene Episode in h-moll, auf die wir oben (S. 85) schon hingewiesen haben und die dieses Konzert zu einem Nachzügler des musikalischen Sturm und Drang macht. Abgesehen von den modulatorischen und metrischen Überraschungen weist die Überleitung zu diesem Mittelteil noch eine weitere Kühnheit in der Stimmführung auf, die darin besteht, daß in Takt 166 das *e* als Durchgangsnote zusammenfällt mit *eis* als Leitton.

Nachdem die Rückmodulation sich vollzogen hat, hätte der harmlose Refrain einsetzen könne, zumal das Klavier im Takt 207 dessen Anfangston f'' erreicht hat. Statt dessen setzt, nach einer kurzen Überleitung, das „komplementäre Thema" ein. Die Überleitung zum ersten Couplet wird in der üblichen Weise abgewandelt, so daß dieses in Takt 244 in der Haupttonart einsetzen kann. Auch der weitere Verlauf ist wiederum regulär – nach der „Aufregung" im Mittelteil tritt Beruhigung ein. Nach dem Abschluß in Takt 283 führen einige Takte, die wiederum dem ersten Tutti entlehnt sind, zur Kadenz.

Der Teil nach der Kadenz besteht aus einer letzten veränderten Wiederholung des Refrains und den anschließenden Schlußtakten des ersten Ritornells, diesmal aber vorgetragen vom Solisten.

Aufbau des dritten Satzes

Orchesterexposition, unter		2. Couplet	171–201
Beteiligung des Solisten	1–57	Rückleitung	201–209
Refrain (solo)	1–8	Wiederholung des	
Fortsetzung und Mittelteil	9–42	komplementären	
Nachsatz	42–57	Themas	209–216
Komplementäres Thema	58–65	Überleitung	217–243
Fortsetzung und		Wiederholung des	
Modulation	66–90	1. Couplets	244–259
Erstes Couplet	91–106	Fortsetzung und	
Abschluß	106–128	Abschluß	259–283
Nachsatz, dem 1. Tutti		Überleitung	283–291
entlehnt, vgl. T. 42–56	128–144	Kadenz	291
Wiederholung des		Letzte Wiederholung	
Refrains	145–153	des Refrains	292–300
Fortsetzung und		Coda, Teile aus dem ersten	
Modulation	153–170	Ritornell benutzend	300–324

Instrumentation

Genau wie die Konzerte KV 450, 451 und 453 ist dieses Konzert durchaus „mit Blasinstrumenten obligirt". Gleich im ersten Tutti sind die Bläser in 27 von 69 Takten führend. Im kurzen Durchführungsteil des ersten Satzes sind die Streicher völlig untergeordnet, dafür an anderen Stellen – man siehe Takt 110–128 und Takt 267–285 – mit größter Finesse eingesetzt. Im zweiten Satz macht sich gegenüber der obligaten Behandlung der Bläser im Streichersatz Mozarts Beschäftigung mit dem Streichquartett bemerkbar; das zeigen nicht nur das Thema, sondern auch die Takte 43–58, 64–68, 71–84 und die ganze letzte Variation.

Der letzte Satz weist im wesentlichen die gleichen Merkmale auf wie der erste; es sei noch auf die besonders reizvolle Einschaltung des Refrainthemas in der ersten Oboe und dem zweiten Horn, Takt 279–283, hingewiesen.

6. Das Konzert F-dur, KV 459

Das Konzert in F-dur, KV 459, das letzte Werk, das Mozart im Jahre 1784 komponierte, gehört zu seinen ungewöhnlichsten und erstaunlichsten Kompositionen. Diese Einschätzung beruht auf mehreren Gründen.

1. Die angegebenen Tempi sind schneller als in den vorhergehenden Konzerten. Zwar ist im Konzert KV 456 der erste Satz mit *Allegro vivace* bezeichnet, aber im 4/4 Takt geschrieben, im Konzert KV 459 jedoch *Allegro* und 2/2 Takt. Das muß nicht unbedingt heißen, daß das Tempo zweimal so schnell sein soll wie ein Allegro im 4/4, sondern vielmehr, daß die Musik halbtaktig gedacht werden soll. Der zweite Satz ist ein Allegretto, der dritte ist *Allegro assai* überschrieben. Nur das Finale des Konzertes KV 451, ein Allegro di molto, ist diesem vergleichbar.

2. Nachdem im Konzert KV 451 der Tanz dem Konzert eingegliedert und im Konzert KV 453 die Coda eines Opernfinales instrumentalisiert worden war, gelingt Mozart im Finale dieses Konzertes die *tour de force*, gleichzeitig Buffo-Elemente und Kontrapunkt in das Konzert zu integrieren.

3. Die Figuration im Solopart des ersten Satzes verläuft nicht in Sechzehnteln sondern in Achteltriolen, was zweifellos mit dem schnelleren Tempo zusammenhängt. Außerdem ist der Marschrhythmus   hier nicht nur ein Merkmal des Hauptthemas, sondern bestimmend für Bewegung und Charakter des ganzen Satzes.

4. Auffällig ist ferner die oft begleitende Funktion des Klaviers, besonders im ersten Satz. Nicht nur ist das Konzert – wie alle ab KV 450 – „ganz mit blasenden Instrumenten obligirt", sondern die Bläser übernehmen auf weite Strecken die Führung, auf Kosten der Streicher und des Klaviers.

Das erste Tutti hält die Mitte zwischen einem Ritornell und einer Orchesterexposition. Dem Umfange nach (71 Takte) verdient es die Bezeichnung Orchesterexposition; es enthält zwar mehrere Motive, die später Bedeutung erlangen, nicht aber ein zweites Thema. Dies wird erst vom Solisten eingeführt; und sowohl hier als auch in der Überleitung zwischen erstem und zweiten Thema setzen der Marschrhythmus und die Triolenbewegung aus. Es scheint fast, als ob das zweite Thema völlig fremden Ursprungs sei und Mozart – wie auch im dritten Satz – absichtlich disparate Elemente nebeneinander stellt. Das zweite Thema bleibt ein „Einsprengel", es kehrt nur in der Reprise und in Mozarts eigener Kadenz wieder. Das Thema besteht aus acht Takten, zuerst vom Orchester in durchbrochener Arbeit vorgestellt, d.h. auf verschiedene Instrumentengruppen verteilt, dann vom Klavier wiederholt; nach dieser Wiederholung beanspruchen sowohl der Marschrhythmus als auch die Triolen ihre Rechte. Auch die Motive in der Orchesterexposition entfalten sich nicht zu einem zweiten Thema, liefern aber teilweise Material zu einer Verarbeitung, namentlich in der Reprise. Die Durchführung ist zwar kurz, aber völlig thematisch; die Rückleitung zur Reprise vollzieht sich mittels eines halb-chromatischen absteigenden Baßgangs (man erinnere sich der *steigenden* chromatischen Bässe an den entsprechenden Stellen in den Konzerten KV 449 und 456).

Aufbau des ersten Satzes

a	Ritornell	1–71	d		42–54
	Erstes Thema	1–16		Schlußgruppe	54–71
	Sekundäre Motive	16–54	b	Soloexposition	72–189
	a	16–24		Erstes Thema	72–87
	b	24–32		Überleitung	87–130
	c	32–42		Erster Abschnitt	87–95

Der zweite Satz

In seinem Brief vom 9./12. Juni 1784 betont Mozart, daß das Tempo der Mittelsätze der Konzerte nicht zu langsam sein soll: „Ich lasse ihr (sc. der Schwester) aber sagen, daß im keinen Concerte Adagio, sondern lauter Andante seyn müssen." Die Bezeichnung *Adagio* kommt zwar sowohl vorher als auch nachher einige Male in Mozarts Konzerten vor; um genau zu sein: sechsmal (in den Konzerten KV 207, 216, 219, 242, 488 und 622). Darunter sind aber nur zwei Klavierkonzerte. Im übrigen erscheinen folgende Bezeichnungen: *Andante ma un poco Adagio* (KV 175); *Andante ma adagio* (KV 191); *Andante un poco adagio* (KV 238); *Adagio ma non troppo* (KV 313). Diese etwas „nuancierte" Bezeichnungen finden sich also auch nur zweimal in Klavierkonzerten (KV 175 und 238). Sonst sind Mittelsätze immer mit *Andante, Andantino* oder *Larghetto* bezeichnet (allenfalls mit kleinen Modifikationen, wie *Andante cantabile*); einmal beschränkt sich Mozart auf die Angabe *Romanze* (KV 466), dreimal fehlt jegliche Differenzierung (KV 450, 451 und 537).

Hat Mozarts Bemerkung im Brief an seine Schwester etwas mit der Beschaffenheit des Soloinstrumentes zu tun? Die späten Konzerte sind zwar alle für das Hammerklavier geschrieben, aber auch dieses Instrument produzierte einen Ton, der nicht besonders lange nachhallte. Oder geht sie auf die Art der Komposition zurück? Das würde bedeuten, daß *Adagio* eine Bezeichnung wäre, die langsamen Sätzen in intellektuell anspruchsvolleren Werken, wie etwa Streichquartett und Sinfonie, vorbehalten bleiben, während die entsprechenden Sätze in eher populären Werken mit *Andante*, *Andantino* oder *Larghetto* bezeichnet werden sollten. In der Zeit *nach* dem oben zitierten Brief finden wir *Adagio* nur in einem Klavierkonzert, nämlich KV 488.

Allegretto ist auf jeden Fall ein Unicum in den Mittelsätzen Mozartscher Konzerte. Die Bezeichnung hängt zweifellos mit dem äußerst lebhaften Charakter des ganzen Konzertes zusammen. Mit seinen 159 Takten ist es augenscheinlich einer der längsten Mittelsätze in den Klavierkonzerten, in Wirklichkeit dauert er jedoch nicht länger als andere.

Die Großform des Satzes ist zweiteilig; man könnte sie als ausgedehnte zweiteilige Liedform oder auch als „Sonatenhauptsatz ohne Durchführung" bezeichnen (wenn auch Letzteres eigentlich ein begrifflicher Widerspruch ist). Wir neigen eher zu der zweiten Auffassung, zumal auch das 25-taktige Ritornell eine ähnliche Funktion hat wie das Ritornell im ersten Satz. Freilich weist der Satz anstelle der Durchführung nur eine zweitaktige Rückleitung auf; dem Ritornell entspricht eine 14-taktige Coda, außerdem enthält der Satz *drei* Themen anstatt zwei. Dies kommt bei Mozart öfter vor; was bei Bruckner zur Regel wird, finden wir bereits ausgeprägt in den ersten Sätzen der Sonaten KV 481 für Klavier und Violine und in der Klaviersonate KV 576 sowie im Klavierquartett KV 493. Das Ritornell ist in drei Abschnitte gegliedert: Thema, Takt 1–10; Mittelteil, Takt 10–21; Abschluß, Takt 21–25. Die abschließenden Takte, die auf das Thema zurückgreifen, bilden auch den Anfang der Coda. Der Mittelteil nimmt mittels der Mollwendung in den Takten 14 f. das dritte Thema vorweg; motivisch ist dieser Mittelteil selbständig, und seine Funktion besteht eben nur in dieser Antizipation.

Der Kontrapunkt spielt in diesem Satz eine ebenso bescheidene Rolle wie im ersten: Dort war es die kanonische Behandlung des Kopfmotives des ersten Themas in den Takten 106–111 und 273–278, hier ist es die kanonische Führung des zweiten Themas in den Takten 44–52 und 103–111.

Aufbau des zweiten Satzes

Der dritte Satz

Das Finale dieses Konzertes gehört zu den interessantesten Schöpfungen in Mozarts gesamten Œuvre. Nur wenige Sätze sind ihm an die Seite zu stellen; etwas das Finale des Streichquartetts KV 387, das Finale der Sinfonie KV 551 und die Ouverture zur *Zauberflöte*.

Daß die Streicher bis zum Takt 32 schweigen, erinnert an den Anfang des Konzertes KV 450, der ebenfalls nur von Bläsern und Bässen bestritten wurde. Das Soloklavier beteiligt sich zwar an der Vorstellung des Refrains (Takt 1–8 und 17–24) – wobei beide Perioden von den Bläsern wiederholt werden –, aber im Grunde ist dieser Anteil dem ausgedehnten Anfangstutti (Takt 1–119) untergeordnet, das einer „Orchesterexposition" eines ersten Satzes gleichzusetzen ist. Diese Exposition enthält zwar (ebenso wie im ersten Satz) nicht einmal eine Andeutung des späteren Couplets, dafür aber mehrere Episoden, die für den weiteren Verlauf von größter Wichtigkeit sind, nämlich:

1) ein Fugato, Takt 32–50, dem sich
2) ein homophoner Nachsatz anschließt, der in die Dominante mündet, Takt 50–65;

3) eine Episode, die vor allem ein Spiel mit dem anapästischen (♪ ♪ ♩) Anfangsmotiv des Hauptthemas darstellt, Takt 66–98, und

4) eine hauptsächlich auf dem Orgelpunkt F aufgebaute Coda, Takt 98–119.

Hierbei ist noch folgendes zu beachten:

Im Fugato sind die Holzbläser nicht einfach eine Verdopplung der Streicher, sondern das kontrapunktische Gewebe ist gleichsam eine Variante der Streicher; immer ist, entweder bei den Streichern oder bei den Bläsern, eine Abweichung dabei, aber *beide kontrapunktischen Sätze sind in sich vollständig.* Schon im Refrain, aber in noch stärkerem Maße in den Takten 78–94 wird der Rhythmus des Anfangsthemas komplementär beantwortet. In der Coda werden die ersten acht Takte (99–106) wiederholt, bei der Wiederholung aber die Rollen von Streichern und Bläsern vertauscht – es entsteht dadurch eine Art Gegenstück zu der Vorstellung des Refrains, in dem Klavier und Bläser einander zweimal abwechseln.

Die Ausdehnung und die Mannigfaltigkeit dieses Ritornells antizipiert schon das Konzept des „sinfonischen" Konzertes, das in den Konzerten KV 466 und 467 verwirklicht werden wird. Es scheint fast, als hätte Mozart bei der Ausarbeitung dieses Ritornells vergessen, daß er ein Konzert schreibt – ein Eindruck, der sich aber im weiteren Verlauf des Werkes verliert.

Der Solist hat ein eigenes „Entrée", dem übrigens keine thematische Bedeutung zukommt: Es wird schon nach 23 Takten von Motiven aus dem Refrain abgelöst und verschwindet dann völlig. Seine Funktion liegt vor allem darin, nach dem reichhaltigen Tutti die Aufmerksamkeit des Hörers durch einen möglichst großen Gegensatz zu erregen.

Die Modulation zur Dominante vollzieht sich in den Takten 146–166 und führt zur Variation einer Episode aus dem Ritornell (Takt 66 f.). Die Rolle des Orgelpunktes der Hörner wird von einem Triller des Soloklaviers übernommen, das dann seine Bedeutung als „Hauptakteur" mit rauschenden Passagen unterstreicht (Takt 174–202), wobei die Motive des Refrains noch immer eine wichtige Rolle spielen (Takt 174–182).

Jetzt ist der Weg frei für ein neues Thema, die Umdeutung des anapästischen Metrums (♫ | ♩ → | ♫ ♩ |)scheint definitiv zu sein (s. Takt 204–206, 213–214, 219–220, 223–224, 227). Dem Couplet (Takt 203–218) schließt sich alsbald das Motiv des Fugatos an, daß vom Klavier umspielt wird und das in Takt 253–254 zum Dominantseptakkord von F führt. Nach dem hier einzufügenden Eingang wird der Refrain vollständig wiederholt – wiederum schweigen die Streicher, dafür beteiligt sich aber das Klavier auch an den Wiederholungen der beiden Perioden, deren zweite um zwei Takte erweitert wird und nach d-moll moduliert.

In dieser Tonart setzt das zweite, völlig orchestrale Fugato ein, das in der gleichen Weise behandelt wird wie das erste – mit dem bedeutenden Unterschied, daß sich zu dem ersten Fugatothema eine Variante des Refrainthemas gesellt (2. Violine, 2. Oboe, anfänglich auch 1. Fagott). Dieses zweite Fugato beansprucht nicht weniger als 35 Takte (288–322), ist also bedeutend länger als das erste.

Die Fortsetzung verwendet Elemente aus verschiedenen Episoden des Refrains und führt im Takt 354 zum Orgelpunkt, der demjenigen der Takte 66 f. und 166 f. entspricht. Von hier an kann von einer „mechanischen" (transponierten) Wiederholung der Takte 166–236 gesprochen werden (Takt 354–424). Von Takt 424 an geht die Musik aber neue Wege, weil sie erstens unter häufiger Präsentation von Motiven aus dem Refrain zu einem neu gestalteten Abschluß kommt (Takt 447), dann aber mit wenigen Takten in die Kadenz überleitet (Takt 453). Nach der Kadenz wird das Refrainthema noch einmal, auf 16 Takte reduziert, wiederholt. Die Coda bringt schließlich eine Erweiterung der letzten Phrase des Ritornells (Takt 471, mit Auftakt, –506), wobei wiederum von allen Abwechslungsmöglichkeiten zwischen Klavier und Bläsern Gebrauch gemacht wird.

Die ungewöhnliche Leistung Mozarts in diesem Finale besteht vor allem darin, daß einerseits das Stück bis ins kleinste Detail durchorganisiert ist, andererseits aber die Illusion des Spontanen von Anfang bis Ende gewahrt wird.

Zur Metrik sei noch angemerkt, daß sowohl der Refrain als auch das Couplet nicht auf Schlag „Eins" beginnen. Der Auftakt des Refrainthemas umfaßt jedoch nicht ein, sondern *drei* Viertel („Großauftakt"). Den Beweis findet man in den Takten 66, 166 und 454, die jeweils eindeutig eine „Eins" darstellen. Heutzutage würde man den Anfang vielleicht eher so notieren:

damit der metrische Sachverhalt klarer zutage tritt. Daß auch das zweite Thema (Takt 203 bzw. 391) auftaktig anfängt, dürfte klar sein, da ja die Takte 194–197 und 198–201 ganz regelmäßige Vierergruppen darstellen, Takt 202 also im Sinne dieser Vierergruppierung eine „Eins" ist (ebenso Takt 382–385 und 386–389, wonach Takt 390 dann wieder eine „Eins" ist).

Aufbau des dritten Satzes

Ritornell	1–119	Durchführung,	
Refrain	1–32	anstelle eines zweiten	
Fugato	32–50	Couplets	288–354
Nachsatz	50–66	Erster Teil,	
Zwischensatz, auf		Doppelfugato	288–322
einem Motiv des Refrains basie-		Zweiter Teil, auf Motiven	
rend	66–98	des Ritornells basierend	322–354
Coda	98–119	Überleitung (entspricht	
Entrée des Solisten	120–142	den Takten 166–202)	354–390
Überleitung	142–202	Wiederholung des	
Couplet	203–218	Couplets	391–406
Nachsatz, unter		Nachsatz und Überleitung	
Verwendung des		zur Kadenz	406–453
Fugato-Motivs	218–250	Kadenz	453
Rückleitung und Eingang	250–254	Zweite Wiederholung	
Erste Wiederholung		des Refrains	454–470
des Refrains	255–288	Coda	470–506

Instrumentation

Das Wechselspiel zwischen Klavier und Bläsern, das seit dem Konzert KV 450 ein Hauptmerkmal der neuen Kompositionsweise ist, wird jetzt noch besonders dadurch betont, daß dem Klavier mehr als zuvor zuweilen die Rolle des „Begleiters" zufällt, d. h. daß es sich anderen Instrumenten unterordnet. Somit können folgende Aufgaben des Klaviers innerhalb des Werkes unterschieden werden:

1) völlig solistisch, d. h. an den Stellen, wo alle anderen Instrumente schweigen;
2) relativ solistisch, d. h. dort, wo das Klavier von einem Teil des Orchesters oder vom ganzen Orchester unterstützt wird;
3) alternierend solistisch, d. h. dort, wo Klavier und Bläser beide solistisch beteiligt sind;
4) begleitend;
5) den Basso continuo realisierend (nicht ausgeschrieben).

Zu 2) Hier handelt es sich um jene Stellen, an denen der Klavierpart weitgehend figurativ ist – und wobei manchmal die Grenze zum „Begleiten" gestreift wird – wie etwa im Konzert KV 456, 1. Satz, Takt 123–125.

Zu 3) Das klassische Beispiel dafür ist die g-moll Episode in der Romanze des Konzertes KV 466.

Zu 4) Im vorliegenden Konzert gilt dies für die Takte 80–87, 119–123, 286–290 im ersten Satz.

Die Rollenverteilung der Instrumente, die sich gerade an diesem Konzert besonders gut exemplifizieren läßt, ist in anderen Konzerten im wesentlichen dieselbe, doch variiert der Umfang der verschiedenen Aufgaben des Klaviers von einer Komposition zur anderen.

Als zweites Merkmal der Instrumentation sei hervorgehoben, daß der Anteil der Bläser jetzt so bedeutend geworden ist, daß er den der Streicher fast übertrifft. Im Finale spielen die Streicher in mehr als der Hälfte der 506 Takte nicht mit, während die Bläser in 60 % dieses Stückes mitwirken! Außerdem vertauscht Mozart bisweilen geradezu die Rollen zwischen Bläsern und Streichern (vgl. dazu die Takte 1–8 und 9–16 des ersten Satzes), so daß den Bläsern bei der Verwirklichung der begleitenden Mittelstimmen eine ganz neue Aufgabe zuwächst.

Kadenzen

Die beiden überlieferten Kadenzen Mozarts sind durchaus motivisch-thematisch gestaltet. Sie sind Musterbeispiele dafür, wie sich Mozart die Integration dieses ursprünglich freiesten Elements der Konzertform in sein Konzept des Klavierkonzertes vorstellte. Diese Integration geht sogar so weit, daß er in der Kadenz zum dritten Satz auf einen virtuosen „Lauf" verzichtet: Die ganze Kadenz ist im regulären 2/4 Takt notiert, und führt mittels eines sehr langen Trillers zur Wiederholung des Refrains zurück.

Schlußbemerkung

Wir wissen nicht, ob Mozart dieses Konzert im Jahre 1785 zur Aufführung gebracht hat. Es gehört zu den Konzerten, die er im Jahre 1786 an den Fürsten von Fürstenberg in Donaueschingen schickte; auch soll er es der Überlieferung nach am 15. Oktober 1790 in Frankfurt am Main gespielt haben; das würde beweisen, daß Mozart das Werk auch noch sechs Jahre nach dessen Entstehung geschätzt hat.

Das Konzert hat ein Echo gefunden in Werken zweier großer Meister: Zunächst bei Haydn in dessen Sinfonie Nr. 89. Die Thematik des Finales ist der des Mozartschen Konzertes sehr ähnlich, auch die komplementären Rhythmen des Hauptthemas scheinen hier auf. Der zweite Teil dieses Themas scheint dem Mozartschen fast wörtlich entnommen zu sein. Zu beachten wäre ferner die Tatsache, daß bei Haydn der „langsame Satz" ein Andante con moto im 6/8 (Siciliano-Rhythmus) in C-dur ist. Das zweite Echo findet sich bei Beethoven, der dieses Konzert wohl kannte, als er seine Pastorale schrieb. Das „Bauernthema" im dritten Satz:

ist ein Derivat des Couplets aus dem Finale des Konzertes KV 459:

VII. Dritte Gruppe Wiener Konzerte

A. Sinfonische Konzerte

Es ist in den vorangegangenen Kapiteln schon ein paarmal von sinfonischen Konzerten die Rede gewesen. Der hier eingeführte Begriff hat nichts mit dem „sinfonischen Konzert" des 19. Jahrhunderts zu tun (wir erwähnen nur Henry Litolff und Johannes Brahms). Wir verwenden diesen Terminus, um ein Prinzip zu bezeichnen, das insbesondere einige Werke der Jahre 1785 und 1786 kennzeichnet, nämlich die Konzerte KV 466, 467, 482, 491 und 503. Anlaß zur Verwendung dieses Begriffs ist die wesentlich veränderte Proportion des Anteils der beiden Hauptkomponenten der Gattung: Klavier und Orchester.

Das F-dur Konzert, KV 459, bedeutete nicht weniger als jenes in B-dur, KV 450, einen Wendepunkt in Mozarts Konzertschaffen, wenn auch in ganz anderer Weise. Einerseits zeichnet es sich durch eine ganz neue Art der Verwendung des Kontrapunkts im letzten Satz aus, andererseits überschreitet der Anteil des Orchesters als selbständiger Apparat deutlich die Grenzen, die ihm in den vorangegangenen Konzerten noch gesetzt waren. Dies hat zur Folge, daß rein orchestrale Abschnitte im Finale einen viel größeren Umfang einnehmen als in den früheren Konzerten und daß Mozart sich nicht scheut, dem Klavier – besonders im ersten Satz – eine begleitende statt einer solistischen Rolle zuzuweisen.

In den im Frühjahr 1785 entstandenen Konzerten KV 466 in d-moll und 467 in C-dur wird dieses Prinzip weiter entwikkelt, wobei außerdem das Orchester um Trompeten und Pauken bereichert wird (wie vorher nur im Konzert D-dur, KV 451). Schon die Ausdehnung der Zwischenspiele und Schlußritornelle zeigt, daß dem Orchester hier eine andere Rolle zugewiesen ist, als etwa in den Konzerten KV 450 und 456. So steht im d-moll Konzert zwischen Soloexposition und Durchführung ein Ritornell von 18 Takten, und das Schlußritornell umfaßt 32, bei einer Gesamtzahl von 397 Takten; die entsprechenden Abschnitte im C-dur Konzert umfassen 28 und 21 Takte, bei einer Gesamtzahl von 417 Takten.

Bei allem Gemeinsamen, das die beiden Konzerte aufweisen – es gehört dazu auch die für den späteren Mozart so charakteristische Verquickung von Elementen des Rondos und des Sonatenhauptsatzes in den Finali –, so soll doch ebenfalls auf die erheblichen Unterschiede hingewiesen werden. Da ist zunächst der auffällige Unterschied der Tongeschlechter – auffällig vor allem dadurch, daß Mozart mit Ausnahme des Konzertes in c-moll, KV 491, in keinem Konzert, für welches Instrument auch immer, eine Molltonart gewählt hat.

Der nächste Unterschied betrifft die Thematik des ersten Satzes. Im d-moll Konzert bringt die Soloexposition neue Themen, die in der Durchführung mit dem Material des Orchesterritornells verquickt werden; im C-dur Konzert ist die Thematik der Soloexposition zum Teil neu, während der Durchführungsteil kaum auf die vorher gehörte Thematik bezug nimmt, sondern in der Hauptsache dem Typus der Fantasie-Durchführung angehört.

Einen weiteren wesentlichen Unterschied zeigen auch die (relativ) langsamen Sätze; relativ deshalb, weil beide Sätze im alla breve Takt notiert sind. Die Romance des d-moll Konzertes ist in Rondoform konzipiert, wobei das zweite Couplet deutliche Bezüge zum ersten Satz aufweist – ein Gegenstück zur Ankündigung des Refrainthemas in den Takten 224–226 des ersten Satzes. Der Mittelsatz (in F-dur) des C-dur Konzertes ist ein Sonatenhauptsatz mit höchst ungewöhnlicher Reprise: Sie fängt nämlich in As-dur mit einer Variante des ersten Themas an.

1. Konzert d-moll, KV 466

Abgesehen von der Tatsache, daß Orchester und Soloinstrument im ersten Satz ihre eigene Thematik aufweisen, ist der Satz sehr regelmäßig gebaut; die Proportionen sind nahezu ideal.

Aufbau des ersten Satzes

Im Hinblick auf das Schlußritornell sei noch darauf hingewiesen, daß darin ein deutlicher Bezug auf den Schluß des Melodrams *Ariadne auf Naxos* von Benda vorliegt, das Mozart sieben Jahre zuvor in Mannheim kennengelernt hatte und von dem er sehr begeistert war.

Der zweite Satz

Das Hauptthema der Romance ist – wie oben erwähnt – in der Durchführung des ersten Satzes angedeutet. Die Romance ist in einfacher, sehr regelmäßiger Rondoform konzipiert, wobei zu bemerken ist, daß – wie oft in den reiferen Werken Mozarts, und besonders in langsamen Sätzen – das Refrainthema nie unverändert wiederkehrt.

Das erste Couplet, Takt 40, fängt in der Haupttonart B-dur an und wird in den Takten 63–66 mit einer Codetta in F-dur abgeschlossen, die der Codetta des Refrains, Takt 36–39, entlehnt ist; die Rückleitung zur (teilweisen) Wiederholung des Refrains nimmt nur zwei Takte in Anspruch.

Das zweite Couplet, Takt 84, bringt den in der Romance üblichen Gegensatz in Tonart und Bewegung: g-moll und eine fortdauernde Figuration in 16tel-Triolen; letztere bewirken eine scheinbare, keine „reale" Beschleunigung, denn das Tempo bleibt ja unverändert. Gleich der erste Takt dieses Couplets ist nichts anderes als eine Umspielung des Anfangs des ersten Satzes. Das Couplet besteht aus zwei Teilen, die beide wiederholt werden und deren zweiter zweimal so lang ist wie der erste. Die Überleitung, ab Takt 108, setzt anfänglich die Sextolenbewegung fort; in Takt 113 tritt eine scheinbare Verlangsamung ein: Den Sextolen folgen zwei Takte in 16teln, zwei Takte in Achteltriolen, zwei Takte in Achteln – ein auskomponiertes Ritardando also.

Nach der letzten, etwas verkürzten Wiederholung des Refrains (die ersten acht Takte werden nicht wiederholt) folgt eine Coda (Takt 146–162), die kurz vor Schluß (Takt 158) noch einmal auf die Codetta, Takt 36–39, zurückgreift. Auf diese Weise bringt der Komponist die augenscheinlich ziemlich disparaten Elemente der *Romance* in eine logische Beziehung.

Aufbau des zweiten Satzes

Refrain	1–39	Codetta und Überleitung	63–68
Erster Abschnitt,		Erste, verkürzte,	
Klavier solo	1–8	Wiederholung des Refrains	68–83
Orchester	9–16	Klavier	68–76
Zweiter Abschnitt,		Orchester	76–83
Klavier solo	17–24	Zweites Couplet	84–107
Orchester	25–32	1. Abschnitt, von g-moll	
Codetta	32–39	zur Dominante führend	84–91
1. Couplet	40–63	2. Abschnitt, in B-dur	
Sechs viertaktige Phrasen,		anfangend (Terzrelation!)	92–107
deren Nebeneinander dem		Überleitung	108–119
Couplet den Charakter eines		2. Wiederholung des	
durchkomponierten Liedes		Refrains, ohne	
innerhalb der Romance		Wiederholung der ersten	
geben 40–43, 44–47, 48–51,		acht Takte	119–146
52–55, 56–59, 60–63		Coda	146–162

Die melodische Linie im Klavierpart des ersten Couplets gehört zu den Stellen, die vom Solisten behutsam ausgeziert werden sollen (Siehe dazu das Kapitel Aufführungspraxis, S. 147). Während das Klavier im ersten Couplet ausschließlich von den Streichern unterstützt wurde, beschränken diese sich im zweiten auf die Betonung des ersten Taktteils in den Takten 84, 92 und 100. Die Holzbläser und Hörner bilden, zusammen mit dem Klavier, die melodische und harmonische Substanz. Dem Klavier fällt außerdem die Rolle zu, zusammen mit dem zweiten Fagott oder mit beiden Fagotten den Baß zu markieren.

Der dritte Satz

Während der erste und der zweite Satz in formaler Hinsicht auch strengen akademischen Prinzipien entsprechen, ist der dritte Satz zwar in Rondoform konzipiert, weist aber gleichzeitig mehrere Abweichungen auf, die in diesem Falle unter anderem damit zusammenhängen, daß der in d-moll beginnende Satz erst nach der Kadenz die Wendung zum Dur vollzieht.

Daß der Mittelteil kein neues Thema bringt, sondern vielmehr thematisches Material des Refrains verarbeitet und somit eine Verquickung von Rondo- und Sonatenhauptsatzform bewirkt, kann nach dem Finale des Konzertes KV 459 kaum verwundern.

Wie oft in Mozarts Konzertrondos wird das Refrainthema zwar vom Klavier erweitert. Das Klavier bringt dann ein neues Thema, ebenfalls in der Grundtonart; es gehört aber immer noch zum Refrain, ist also wieder ein „komplementäres Thema". Die Zusammengehörigkeit wird bestätigt durch das Wiedererscheinen der hochschießenden Figurationen des Anfangs in den Takten 73 und 77.

Die danach einsetzende Modulation nach F-dur führt zu dessen Dominante, ebenfalls von dieser Figur geprägt (Takt 89–91). Das erste Couplet folgt in f-moll und erreicht die Durtonart erst in Takt 108; seine Entwicklung beendet eine Schlußgruppe, die ebenfalls thematische Bedeutung hat (Takt 139). Refrain und Couplet umfassen also insgesamt vier thematische Gebilde. Das Besondere dieses Satzes besteht nicht in der Beschränkung des thematischen Materials, sondern in der Art, wie sich im Verlauf des Satzes die Bedeutung jedes einzelnen Elementes ändert.

Aufbau des dritten Satzes

Refrain und Ritornell	1–62
Klavier solo	1–13
Orchester	13–62
Komplementäres Thema	63–73
Fortsetzung des Refrains und Überleitung	73–91
Couplet	92–110
Fortspinnung	110–138
Schlußgruppe, mit thematischer Bedeutung	139–160
Überleitung	160–167
Wiederholung des Refrains	167–180
Durchführung, fast gänzlich auf den beiden thematischen Elementen des Refrains basierend	180–270
Wiederholung des Refrains	fällt aus
Wiederholung des Couplets	271–301
Schlußgruppe, mit thematischer Bedeutung (s. oben, Takt 139); die Moll-Version mit Dur-Elementen durchsetzt in den Takten 304–305 und 312–313)	301–337
Orchesternachspiel, mit einem Trugschluß auf der 6. Stufe anfangend	337–345
Kadenz	345
Letzte, sehr verkürzte Wiederholung des Refrains	346–353
Coda, hauptsächlich beherrscht von der Dur-Version des zweiten Abschnitts des Couplets	354–428

Das Refrainthema, das in der Durchführung noch eine bedeutende Rolle innehatte, wird nach diesem Teil nicht wiederholt, sondern erscheint nur noch in stark verkürzter Form nach der Kadenz. Diese Wiederholung wird nicht einmal abgeschlossen, sondern mündet in einen auffällig gesetzten verminderten Septakkord (gis+h+d+f), der hier wie die Erscheinung eines *deus ex machina* im Drama wirkt: gleich danach setzt ja die Coda in D-dur ein. Das Refrainthema ist also völlig aus seiner früheren Position verdrängt. Die Terzrelation d – B, die zwischen den Grundtonarten der Sätze besteht, spielt auch innerhalb der einzelnen Sätze eine Rolle:

Erster Satz, Takt   32–33 (d V – F I);
                    114–115 (ebenso);
                    287–288 (ebenso)

Zweiter Satz, Takt 91–92 (g V – B I);
Dritter Satz, Takt 50–51 (d V – B I, Trugschluß);
336–337 (ebenso).

2. Das Konzert C-dur, KV 467

Im Autograph fehlt auf der ersten Seite eine Tempoangabe des ersten Satzes. Im eigenhändigen Verzeichnis heißt es, ebenso wie beim C-dur Konzert KV 503, *Allegro maestoso.*

Es ist eindeutig ein „maestoso"-Satz, der dementsprechend nicht im gleichen Tempo wie etwa der erste Satz des Konzerts KV 466 gespielt werden sollte. Dann sind auch die (wenn auch sehr seltenen) Unterteilungen in 32tel im Klavierpart noch spielbar.

Das Eröffnungsthema des Ritornells ist ein so eindeutig orchestrales Thema, daß es gleich in diesem Tutti dreimal erscheint: Takt 1–12 (bzw. 20), 36–43 und 64–68, und vom Klavier nur flüchtig übernommen wird (Takt 143–145, 297–299 und 328–330). Das zweite Thema ist so sehr tonal gebunden, daß es erst in der Reprise wieder erscheint. Aufgrund dieser Merkmale bezeichnen wir dieses Tutti als Ritornell und nicht als Orchesterexposition.

Das Klavier bringt in der Soloexposition ein eigenständiges zweites Thema, das eine rhythmische Permutation eines Themas aus dem Hornkonzert KV 447 darstellt (oder vielleicht sollte man *dieses* als eine Permutation bezeichnen, wenn das Hornkonzert tatsächlich – wie heute meistens angenommen wird – später als KV 467 komponiert wurde).

Der Durchführungsteil ist nicht im strikten Sinne thematisch, sondern bezieht sich auf bestimmte Teile der beiden Themen im Ritornell (vgl. Takt 2 und 223, Takt 28 und 231). Die in den Konzerten immer häufigen Sequenzbildungen geben in diesem Konzert Anlaß zu einer höchst originellen Behandlung von Sept- und Nonakkorden (siehe Takt 148–154 und 333–339) sowie zu einer ungewöhnlichen Verwendung des Orgelpunkts in einer Mittelstimme, die später besonders charakteristisch für Schubert werden wird.

Abgesehen vom dreifachen Erscheinen im Ritornell kommt das Hauptthema auch sonst so häufig vor, daß der Satz fast wie eine Durchführung gerade dieses Themas anmutet; dies bestätigt unsere These, daß wir es hier mit einem „sinfonischen Konzert" zu tun haben (siehe Takt 80–83, 145–154, 194–199, 274–298, 330–339, 384–388 und 409–417).

Die Organisation des Ritornells ist ebenso logisch wie überraschend. Gleich in den ersten sieben Takten werden Streicher und Bläser (+ Pauken) als geschlossene Formationen einander gegenübergestellt:

Takt 1–7 Streicher; 7–8 Bläser; 8–11 Streicher; 11–12 Bläser. Mit dem Schluß der ersten, zwölftaktigen Periode setzt gleichzeitig das erste wirkliche Tutti ein, eine Fortsetzung und Weiterbildung des ersten Themas. Dieses Tutti endet in Takt 28 und wiederum überschneiden sich Abschluß der einen und Beginn der nächsten Phrase, diesmal der Einsatz des „zweiten Themas" (Takt 28–36). Der dritte Abschnitt des Ritornells bringt zunächst eine kontrapunktische Bearbeitung des Hauptthemas; damit sind die drei Möglichkeiten der Verwendung dieses Themas dargestellt: kammermusikalisch, orchestral, kontrapunktisch. Ein Nachsatz, Takt 44–68, beschließt das Ritornell. Die nächsten Takte, 68–74, bereiten den Auftritt des Solisten vor, die Hauptdarsteller des Orchesters, Flöte, erste Oboe und erstes Fagott, hervorhebend.

Aufbau des ersten Satzes

Der zweite Satz

Der zweite Satz, Andante alla breve, gilt vielen – nicht ganz zu Unrecht – als der Inbegriff Mozartscher Kantabilität. Tatsächlich klingt dieser Satz wie ein ununterbrochener melodischer Strom, eine „unendliche" Melodie *avant la lettre*. Hinter dieser augenscheinlichen Einfachheit verbirgt sich aber eine Komplexität im Bereich von Struktur und Metrik, die vielleicht eben den Eindruck jener Einfachheit erst ermöglicht.

Dem Satz liegt die stark komprimierte Form des Sonatenhauptsatzes zugrunde; sie wird aber in mehrfacher Weise abgewandelt. Die Metrik beschränkt sich nicht auf die übliche Aneinanderreihung von Zweier-, Vierer- oder Achtergruppen, sondern bedient sich auch – und zwar schon gleich am Anfang – der Dreiergruppierung. Und obwohl zwei Themen deutlich zu erkennen sind, kann von einem Nachsatz, wenigstens in der Exposition, nicht die Rede sein, das zweite Thema (in f-moll) führt gleich zum Abschluß in die Dominattonart. Die Reprise ist, der Exposition gegenüber, verkürzt; zusammen mit der Coda entspricht sie genau der Länge der Soloexposition, der ein ausführliches Orchesterritornell vorausgeht. Die Proportionen der verschiedenen Abschnitte sehen demgemäß so aus:

Takt:

| 1–23 | 23–55 | 55–73 | 73–104 |
| Ritornell | Exposition | Durchführung | Reprise und Coda |

Ein Hauptcharakteristikum, und zwar eines, das den Eindruck der Gleichmäßigkeit verstärkt, ist die Triolenbewegung, vor allem in den sekundären Stimmen, die nur an zwei Stellen aussetzt, nämlich in den Takten 70–71 und 104. Sie entstammt einem Sonatensatz von Johann Schobert (op. 17 Nr. 2), den Mozart schon im Pasticcio-Konzert KV 39 verwendet hatte.

Die ungewöhnlich unregelmäßige Periodisierung (kaum Vierer- bzw. Zweiergruppen) zeigt sich gleich im Ritornell, das wie folgt gegliedert ist: Takt 1–3, 4–6, 7–8, 9–10, 11–16, 17–19, 20–22. Im Takt 23 – Anfang der Soloexposition – setzt wieder eine Dreiergruppe ein. Wie zu erwarten, folgt ab Takt 35 eine neue Überleitung, die zur Soloversion des zweiten Themas (in c-moll, mit Abschluß in C-dur) führt; dieser Abschnitt entspricht genau den Takten 11–22 des Ritornells. Der Durchführungsteil gehört zum Typus der Phantasie-Durchführung, die weder thematisch noch melodisch, sondern nur durch Figuration und Bewegung mit der Exposition verbunden ist. Sie mündet in Takt 71 in die Dominante von f-moll, so daß die Reprise mühelos in Takt 72 einsetzen könnte; statt dessen benutzt Mozart diesen Takt für eine plötzliche Modulation nach As-dur, außerdem nimmt Takt 72 die Stelle des ersten Taktes der ursprünglichen Dreiergruppe ein! Die Reprise setzt nun in Takt 73 ein und zwar auf der Quinte, was den Komponisten veranlaßt, den ersten Takt zu variieren. Die Fortsetzung führt schon nach wenigen Takten zum zweiten Thema, jetzt in f-moll, mit Abschluß in F-dur (Takt 93). Die nachfolgende Coda kompensiert (wie oben schon angedeutet) die verkürzte Überleitung vom ersten zum zweiten Thema.

Der dritte Satz

Der dritte Satz (Allegro vivace assai, 2/4 Takt) stellt der ungewöhnlichen Struktur des zweiten Satzes einen eher regelmäßigen Aufbau gegenüber. Auch die Metrik ist durchwegs regelmäßig – man muß sich allerdings der Tatsache bewußt sein, daß der erste Takt eigentlich auf Schlag zwei beginnt; ein Großauftakt also. Der Dreiklangsthematik der vorhergehenden Sätze stellt das Finale ein semichromatisches Hauptthema gegenüber; erst der zweite Einsatz des Solisten – der sich nur in den Takten 20–28 im Ritornell beteiligt hat – greift wieder auf die Dreiklangsthematik zurück (Takt 58–66).

Der Aufbau des Satzes entspricht dem des „großen Rondos", wobei allerdings an die Stelle des zweiten Couplets eine ausführliche, in A-dur einsetzende Durchführung des Hauptthemas tritt. Zu beachten ist außerdem noch, daß das Hauptthema – wohl nach dem Vorbild Joseph Haydns – mehrfach in dem Sinne abgewandelt wird, daß die Artikulation geändert wird (vgl. dazu die Takte 1 und 41).

Aufbau des dritten Satzes

Ritornell (inklusive kurze Beteiligung des Solisten)	1–57	Wiederholung des Hauptthemas	75–82
Zweiter Einsatz („Entrée") des Solisten	58–74	Fortsetzung desselben und Überleitung	83–110

Schlußbemerkungen

Es gibt wohl kaum einen Finalsatz in Mozarts Konzerten, in dem die Rondoform so nahe an diejenige des Sonatenhauptsatzes gerückt ist; der ganze Satz von 447 Takten ist auf zwei Themen aufgebaut – eine *tour de force*, die nur von Sätzen wie dem Finale des Streichquintetts KV 614 überboten wird.

Dem oft wiederholten Motiv des zweiten Themas: ♪|♫ ließen sich mühelos Susannas Worte „Suo padre? Sua madre?" aus dem Sextett im dritten Akt von *Le nozze di Figaro* unterlegen – aber das wurde erst mehr als ein Jahr später komponiert.

B. „Klarinettenkonzerte"

Nicht ohne Grund steht der Titel dieses Kapitels in Anführungszeichen, denn es handelt sich hier natürlich nicht etwa um Konzerte für Klarinette, sondern um drei Klavierkonzerte, in denen die Klarinetten einen wesentlichen Beitrag zum orchestralen Farbenreichtum liefern. Es sind dies die einzigen. Denn trotz Mozarts Begeisterung für ein Orchester, das neben Flöten und Oboen auch über Klarinetten verfügte (wie das Mannheimer Hoforchester) – von der Werke wie die Opern *Idomeneo* und *Die Entführung aus dem Serail* zeugen – hat Mozart die Klarinette außer in diesen Konzerten nur im Hornkonzert KV 447 und dem Fragment gebliebenen Oboenkonzert KV 416f vorgeschrieben. Es scheint mehr als zweifelhaft, ob die nachträglich dem Konzert für zwei Klaviere, KV 365/316a, hinzugefügten Klarinettenstimmen von Mozart stammen. Demgegenüber ließ er sie in anderen Gattungen – Oper, Arie, Sinfonie und Kammermusik – ausgiebig zur Geltung kommen.

Die drei hier zur Diskussion stehenden Konzerte – KV 482, 488 und 491 – wurden im Winter 1785/86, also in dem der Uraufführung von *Le nozze di Figaro* unmittelbar vorangehenden Zeitraum komponiert; zum Teil hat Mozart demnach wohl gleichzeitig an den Konzerten und dieser Oper gearbeitet. Zwei dieser Konzerte verfolgen den mit den sinfonischen Konzerten KV 466 und 467 eingeschlagenen Weg weiter; das mittlere aber steht dem kammermusikalischen Typus der Konzerte KV 450 und 453 nahe. Mozart hatte sich mit den Konzerten der Jahre 1784 und 1785 *beide* Möglichkeiten zu eigen gemacht und konnte jetzt nach jeweiligem Gutdünken wählen.

Nicht nur durch die Verwendung der Klarinetten unterscheiden sich die drei Konzerte von den übrigen großen Wiener Konzerten, sondern auch durch die Tonarten: Es gibt unter ihnen kein einziges Werk in Es-dur, A-dur oder c-moll.

Die Orchesterbesetzung der drei Werke ist unterschiedlich:
KV 482: 1 Flöte, 2 Klarinetten in B, 2 Fagotte, 2 Hörner in Es, 2 Trompeten in Es, Pauken in Es-B und Streicher;
KV 488: 1 Flöte, 2 Klarinetten in A, 2 Fagotte, 2 Hörner in A, Streicher;
KV 491: 1 Flöte, 2 Oboen, 2 Klarinetten in B, 2 Fagotte, 2 Hörner in Es, 2 Trompeten in C, Pauken in C-G, Streicher.

Im Konzert KV 488 waren ursprünglich Oboen vorgesehen: Die Stimmen in den Takten 9–18 waren untransponiert und sind nachträglich auf einer besonderen Seite verbessert worden.

Das c-moll Konzert ist das einzige, in dem Oboen und Klarinetten zusammen spielen; es ist auch, wie wir noch zeigen werden, in anderer Hinsicht außergewöhnlich.

3. Das Konzert Es-dur, KV 482

Im ersten Satz hat das Klavier sein eigenes, nicht-thematisches Entrée (Takt 77–94). Außerdem haben Ritornell und Soloexposition jedes ihr eigenes „zweites Thema"; dasjenige des Ritornells ist tonartgebunden und kehrt erst in der Reprise wieder.

In der Instrumentation – und das gilt für alle drei Sätze – fällt sogleich auf, daß nicht nur die Holzbläser, sondern auch die Hörner am konzertierenden Spiel teilhaben. Die Es-Stimmung der Hörner wird von Mozart für solistische Partien bevorzugt (siehe die drei Konzerte KV 417, 495 und 447; das Quintett KV 452, die Arie „Se il padre perdei" im *Idomeneo*, das Quintett KV 407 und die beiden Serenaden KV 375 und 388). Von „künstlichen" Tönen macht Mozart einen relativ bescheidenen Gebrauch, aber auch ohne diese sind den Hörnern bedeutende melodische Aufgaben anvertraut. Das fängt schon im ersten Thema an (Takt 3–8), dessen Kopf übrigens eine Geschichte hat: Ein ähnliches Motiv liegt der vom jungen Mozart kopierten Sinfonie von Carl Friedrich Abel (KV 6, A 51) sowie seiner eigenen Sinfonie KV 132 zugrunde.

Aufbau des ersten Satzes

a	Ritornell	1–76		Überleitung	149–152
	Erstes Thema	1–13		Drittes Thema	
	Überleitung, in mehreren			(zweites Solothema)	152–171
	Abschnitten:	13–51		Nachsatz	171–198
	Erster Abschnitt	13–29	c	Ritornell	198–212
	Zweiter Abschnitt	29–35	d	Durchführungsteil	212–264
	Dritter Abschnitt	35–46	e	Reprise	264–359
	Vierter Abschnitt	46–51		In der Reprise ist der	
	Zweites Thema	51–58		Kommentar des Klaviers	
	Schlußgruppe	58–76		zur ersten Phrase des	
	Entrée des Klaviers	77–94		Hauptthemas neu	
	Erstes Thema, an dem			gestaltet. Der	
	sich das Klavier durch			weitere Verlauf hält sich	
	Figuration beteiligt	94–106		enger an das Ritornell, so daß	
	Modulierende			nun auch das zweite Thema	
	Überleitung	106–128		wiederkehren kann	
	Scheinbares zweites			(Takt 314)	
	Thema (b-moll)	128–149		Erstes Thema	264–276

Der zweite Satz

Das Andante zeichnet sich durch eine ungewöhnliche Form aus; diese ist nämlich eine Verquickung von Rondo und Variationen. Ein zweites Merkmal ist der große Teil des Satzes, in dem das Klavier schweigt; das neue sinfonische Konzept des Konzertes wird nun auch in einem langsamen Satz verwirklicht. In drei großen Abschnitten kommt nur das Orchester zu Wort: im Thema (Takt 1–32); im ersten Zwischenspiel (28 Takte) und im zweiten Zwischenspiel (20 Takte).

Noch stärker als im Konzert d-moll KV 466 hat Mozart hier die einzelnen Instrumentengruppen gegeneinander abgegrenzt. Das Thema spielen nur die Streicher, im ersten Zwischenspiel sieben Blasinstrumente (Trompeten und Pauken wirken wie gewöhnlich im langsamen Satz nicht mit); das zweite Zwischenspiel Streicher, Flöte und Fagott. Erst ab Takt 144 beteiligen sich alle Gruppen an der musikalischen Erzählung.

Aufbau des zweiten Satzes

Erstes Thema, Streicher, c-moll	1–32	Zweites Zwischenspiel, Streicher, Flöte, Fagott; C-dur	125–144
Erste Variation, Klavier mit einigen Einwürfen der Streicher	33–64	Dritte, um acht Takte erweiterte Variation des Hauptthemas	145–185
Erstes Zwischenspiel, Bläser, Es-dur	65–92	Coda	185–213
Zweite Variation des Hauptthemas, Solo und Streicher, die hier eine größere Bedeutung haben als in der ersten Variation	93–124	Erster Abschnitt, an die letzte Variation anknüpfend	185–201
		Zweiter Abschnitt, an das erste Zwischenspiel anknüpfend	201–213

Der dritte Satz

Die Tonartenfolge der drei Sätze: Es-dur, c-moll, Es-dur, sowie die Struktur des Schlußrondos könnten darauf hinweisen, daß Mozart sich des aus dem Rahmen fallenden Konzertes KV 271 erinnert hat und bemüht war, mit den neuen, ihm in Wien zur Verfügung stehenden Mitteln ein vergleichbares Werk zu schaffen. Der 6/8 Takt und das Hervortreten der Hörner (das im Rondo ausgeprägter ist als im ersten Satz) könnten den Vergleich mit den „Jagdrondos" der Hornkonzerte nahelegen. „Jagdmotive" kommen in diesem Satz jedoch nur vereinzelt vor; sie tragen außerdem kaum wesentlich zur thematischen Substanz des Satzes bei.

Eine Unterbrechung eines schnellen Schlußsatzes durch eine Episode in langsame(re)m Tempo ist bei Mozart eher selten.

Sowohl im *Jeunehomme*-Konzert als auch im vorliegenden Werk hat der As-dur Teil – *Menuetto Cantabile* bzw. *Andantino cantabile* – die Funktion, die im großen Rondo der Alternativoteil – meist im Sinne einer Tempoveränderung – hat: im Rondo von KV 271 umfaßt er 71 von insgesamt 467 Takten, in KV 482 47 von insgesamt 435 Takten. Gerade dieser Mittelteil führt dazu, daß dieses Konzert – dessen Mittelsatz schon eine außergewöhnliche Ausdehnung aufweist – zu den längsten des ganzen Mozartrepertoires gehört.

Abgesehen von diesem ungewöhnlichen Intermezzo ist die Struktur des Rondos eher konventionell. Denn während Mozart sonst – wenn der Alternativoteil gleichzeitig eine Durchführung enthält – die zweite Wiederholung des Refrains oft ausläßt, sind hier alle Wiederholungen, wenn auch verkürzt und variiert, vorhanden.

Aufbau des dritten Satzes

Refrain (eher ein Themenkomplex als ein Thema)	1–41	Erstes Couplet	128–147
		Nachsatz	147–174
		Überleitung	174–182
Ritornellartiger Abschluß und kurzes Solo	41–85	Erste Wiederholung des Refrains (verkürzt)	
Überleitung	85–128	und Überleitung	182–217

3. Das Konzert A-dur, KV 488

Seit vielen Jahren ist das A-dur Konzert eines der populärsten Mozartschen Klavierkonzerte. In puncto Form und Orchestrierung gehört es zu seinen ausgeglichensten Kompositionen überhaupt. Durch seine bescheidene Besetzung – fünf Holzbläser, zwei Hörner und Streicher – steht es den kammermusikalischen Konzerten des Jahres 1784 nahe: doch wirken hier auch die Errungenschaften der sinfonischen Konzerte nach.

Es stellt sozusagen das Mozartsche Klavierkonzert in Reinkultur dar – und doch weist es einige Merkmale auf, wodurch es sich deutlich von anderen Konzerten abhebt. Der Mittelsatz steht in fis-moll, einer Tonart, die sonst bei Mozart nur einmal, im Trio des Menuetts KV 315g, Nr. 7, vorkommt. Außerdem ist es in den späten Konzerten der einzige langsame Satz, der eine dreiteilige Form mit Coda aufweist (überhaupt eine Seltenheit bei Mozart). Das Finalrondo wird von einer Coda abgeschlossen, die wie die Übertragung einer Coda eines Buffo-Finales aus dem Bereich des Musiktheaters auf die Instrumentalmusik anmutet.* Im Gegensatz zum Konzert KV 453, in dem die Coda ein eigenes Tempo und eine teilweise neue Thematik aufweist, ist die „theatralische" Coda in die Struktur des Rondos integriert.

Der erste Satz entpuppt sich sowohl in der Orchester- als auch in der Soloexposition als überaus konventionell; er hält aber Überraschungen bereit, die erst im Durchführungsteil klar zutage treten. Diese normale reguläre Anlage sowie die

---

* Siehe dazu: M. Flothuis – Bühne und Konzert, in: Mozart-Jahrbuch 1986, Kassel 1987, S. 45.

Tatsache, daß Mozart anfänglich Oboen und nicht Klarinetten vorgesehen hatte, könnten darauf hinweisen, daß das Konzert schon vor 1786 begonnen wurde.

Übrigens sind es gerade die Klarinetten, die diesem Konzert sein besonderes Gepräge verleihen; sie sind ja auch für andere, vor allem vokale, A-dur Stücke Mozarts charakteristisch: Terzett „Mandina amabile", KV 480; Terzett „Ah, taci ingiusto core", Don Giovanni Nr. 16; Duett „Ah guarda, sorella", Cosi fan tutte, Nr. 4; Aria „Un aura amorosa", ib., Nr. 17.

Orchester- und Soloexposition bringen beide die zwei Hauptthemen; in der ersteren, wie üblich, beide in der Haupttonart, in der Soloexposition, traditionell, das erste in der Haupttonart, das zweite in der Dominante. Von einem eigenen Solo-Hauptthema ist ebensowenig die Rede wie von einer Entrée oder – wie etwa im C-dur Konzert KV 467 – von einer quasi improvisierenden, eingangsartigen Vorbereitung zum Einsatz des ersten Themas. Der Abschluß der Soloexposition wird – auch dies nach der Regel – vom Orchester mit einem Zitat aus der Orchesterexposition gebildet, im Takt 142 aber jäh abgebrochen. Hier könnte der Durchführungsteil einsetzen; statt dessen wird das Abschlußritornell fortgesetzt und zwar mit einer völlig neuen Phrase, die so charakteristisch ist, daß sie als drittes Thema gelten könnte. Und gewissermaßen ist sie das auch, denn der ganze Durchführungsteil wird hieraus entwickelt, und dieses Thema findet dann wieder einen Platz am Schluß der Reprise. Der Durchführungsteil führt also nicht das durch, was war, sondern das, was noch kommen muß! Folglich hat Mozart abermals in einem eher nach traditionellen Prinzipien aufgebauten Satz ein ganz neues Gestaltungsprinzip gefunden.

Zum mindesten im zweiten und dritten Satz hat Mozart gleich zu Anfang den vollständigen Klaviersatz niedergeschrieben, denn nur im ersten finden sich nachträglich vorgenommene kleine Veränderungen. In Übereinstimmung mit diesem Sachverhalt steht auch die Tatsache, daß Mozart ausnahmsweise die Kadenz im ersten Satz in die Partitur hineingeschrieben hat. Das bedeutet übrigens nicht, daß diese Kadenz gespielt werden *muß*; Mozart hat mit dieser Niederschrift bekundet, daß in seinem Konzept eines Solokonzertes die Kadenz ein integrierter Bestandteil ist; und zweitens hat er gerade mit dieser Kadenz ein Musterbeispiel gegeben, wie die Kadenz nach seiner Ansicht beschaffen sein soll.

Auffällig am ersten Satz ist weiterhin, daß die unterschiedlichen Abschnitte, im Gegensatz zu anderen Konzerten, fast gleich lang sind: Orchesterexposition 66 Takte; Soloexposition 71 Takte; Durchführungsteil (inklusive Ritornell) 62 Takte. Nur die Reprise ist wesentlich länger (87 Takte), was in direktem Zusammenhang mit der schon erwähnten Erweiterung steht, die im Durchführungsteil vorbereitet wurde (Takt 261–283).

Aufbau des ersten Satzes

a Orchesterexposition	1–66	Abschnitt, in dem mehrere
Erstes Thema	1–18	Varianten des „dritten
Überleitung	18–30	Themas" mit Einwürfen
Zweites Thema	31–46	des Klaviers und der
Nachsatz	46–62	Streicher abwechseln 156–186
Abschluß	62–66	Vorbereitung der Reprise
b Soloexposition	67–137	(Orgelpunkt auf der
Erstes Thema,		Dominante) 186–198
klavieristisch erweitert	67–82	e Reprise 198–284
Überleitung, Orchester	82–86	Erstes Thema 198–213
Klavier	86–98	Orchester 198–206
Zweites Thema	99–114	Klavier und Orchester 206–213
Nachsatz	114–137	Überleitung 213–228
c Ritornell	137–142	Zweites Thema 229–244
Aposiopese, erste		Nachsatz 244–
Hälfte von	143	unterbrochen vom
d Durchführungsteil	143–198	„dritten Thema" 261–284
„Drittes Thema"	143–149	f Ritornell 284–297
Variation desselben		g Kadenz 297
(Klavier)	149–156	h Schlußritornell 298–313

Der zweite Satz

Zwischen den Themen der drei Sätze dieses Konzertes bestehen sehr enge Beziehungen. Alle Hauptthemen fangen mit der Quinte an, ebenso der Mittelteil des zweiten Satzes und das

Alternativo im Schlußrondo. Die Hauptthemen der schnellen Sätze zeichnen sich durch eine Wendung zur Subdominante aus, im ersten Satz gleich im ersten Takt, im letzten in den Takten 5–6; an beiden Stellen wird die Tonica durch Hinzufügung der kleinen Septe vorübergehend als Zwischendominante gedeutet.

Es wurde bereits darauf hingewiesen, daß Mozart seiner Forderung, die Mittelsätze der Klavierkonzerte sollten immer „Andante" sein, mehrfach in seinen Kompositionen widerspricht. Zwar könnte *Larghetto alla breve* (KV 595) eventuell dem *Andante* gleichgesetzt werden; *Allegretto* (KV 459) ist aber wesentlich schneller, *Adagio* (im vorliegenden Konzert) wesentlich langsamer als *Andante*. Letztere Bezeichnung findet sich in den Konzerten KV 450, 453, 456, 467, 482 und 503.

Dennoch ist die Bemerkung in zweierlei Hinsicht von Bedeutung: Erstens, weil sie darauf hinweist, daß Mozart sich Gedanken machte über *alle* Aspekte der Gestaltung des Solokonzertes (die schon früher erwähnten Ersatzkompositionen für die Finali der Konzerte KV 175 und 207 weisen ja in die gleiche Richtung); zweitens – da Mozarts Bemerkung sich auf Klavierkonzerte bezieht – ist anzunehmen, daß seine Vorliebe für eher flüssigere Tempi damit zusammenhängt, daß sich der Ton der zeitgenössischen Klaviere nur relativ kurz hielt, entweder durch Ornamentik oder eben durch ein nicht zu langsames Tempo kompensiert werden sollte.

Das Adagio als Tempo dieses Mittelsatzes ist um so auffälliger, als es sich hier um einen Satz im Siciliano-Rhythmus handelt. Sonstige Sicilianosätze weisen bei Mozart fast immer ein etwas bewegteres Tempo auf: Sonate für Klavier und Violine, KV 377/374e, zweiter Satz, letzte Variation; Streichquartett KV 421, vierter Satz; Klaviertrio KV 564, 3. Satz; *Die Entführung aus dem Serail*, Lied des Perillo, Nr. 18 (ohne Tempo-Angabe). Nur in der Klaviersonate KV 280/189e ist der Mittelsatz, der übrigens demjenigen des A-dur Konzertes nahesteht, *Adagio* überschrieben.

Wie bereits erwähnt, verwendet Mozart für diesen Satz ausnahmsweise die dreiteilige Form (schematisch angedeutet:

A-B-A') mit Coda. Damit ist aber keineswegs alles Wesentliche gesagt. Denn so einfach, wie etwa im Andante der Sonate in C-dur, KV 330, liegen die Dinge hier nicht. Dort handelt es sich um einen A-Teil, der nach dem Mittel-(B-)Teil unverändert wiederholt wird (wenn auch ohne Wiederholung der einzelnen Teile). Die abschließende Coda ist eine Durvariante der Codetta des B-Teils. Im vorliegenden Adagio aber besteht der A-Teil aus zwölf vom Klavier gespielten Takten, denen acht Takte des in Takt 13 (Abschluß des Klavierparts) einsetzenden Orchesters folgen. Das Klavier greift die Anfangsphrase wieder auf, die sich nun in anderer Weise entwickelt und zum B-Teil hinüberleitet. Von diesem sechzehn Takte umfassenden Teil, der im 17. Takt abgeschlossen wird, führen zwei Takte zur Wiederholung des A-Teils zurück; der Solo-Anteil in dieser Wiederholung wird um drei Takte erweitert, die folgenden acht Takte des Orchesters entsprechen aber genau den Takten 12–20. Diese acht Takte (68–75) werden anschließend vom Solisten variiert, der damit gleich in die Coda hinüberleitet. Mit der herkömmlichen dreiteiligen Form als Ausgangspunkt hat Mozart auch hier wieder ein neues Gestaltungsprinzip verwirklicht.

Aufbau des zweiten Satzes

Erstes Thema, zweiteilig	1–20	Wiederholung des ersten	
Klavier	1–12	Themas, variiert und	
Orchester	12–20	erweitert	53–84
Variante des Anfangs und		Klavier solo	53–68
Überleitung (Modulation		Orchester (notengetreue	
nach A-dur)	20–35	Wiederholung der	
Zweites Thema, A-dur	35–51	entsprechenden Takte	
Erster Abschnitt	35–42	im A-Teil)	68–76
Orchester	35–38	Variation des letzten	
Klavier und Orchester	38–42	Abschnittes,	
Zweiter Abschnitt	43–51	Klavier und Orchester	76–84
Überleitung	51–53	Zweiteilige Coda	84–99
		Erster Teil	84–92
		Zweiter Teil	92–99

Der dritte Satz

Der dritte Satz, Allegro assai, alla breve, ist ein großes Rondo, basierend auf dem Grundriß A-B-A'-C-A''-B'-A'''- Coda. Dazu wären theoretisch nicht mehr als drei Themen erforderlich. Der Satz enthält aber deren fünf, wodurch nicht nur eine große Mannigfaltigkeit erreicht wird, sondern auch die Form jedem Schematismus entgeht.

Das in Takt 62 einsetzende, vom Klavier vorgestellte Thema erscheint in der Grundtonart und ist somit kein „Couplet" oder „zweites Thema", sondern ein „komplementäres Thema" – es gehört noch zum Refrain. Dies wird bestätigt in Takt 312, wo nach der Regel der Refrain einsetzen sollte, der Komponist aber darauf verzichtet und gleich mit diesem komplementären Thema beginnt. Erst nachdem auch das erste Couplet erklungen ist (Takt 330–363), kehrt auch der erste Abschnitt des Refrains wieder (Takt 441).

Auch in anderen Hinsichten ist der Satz alles andere als regelmäßig. Das in Takt 106 beginnende Couplet steht nicht, wie zu erwarten, in E-dur, sondern in e-moll und findet erst auf großen Umwegen zu E-dur (Takt 127–129). Bei der Reprise in Takt 330 erklingt das Thema sofort in Dur, wendet sich nach acht Takten nach Moll und schließt erst in Takt 361 wieder in der Durtonart.

Der Mittelteil weist eine ungewöhnliche Struktur auf; dessen erster Abschnitt in fis-moll hat keinen Abschluß, sondern führt in den von den Bläsern gespielten Takten 254–262, die eine Variante der Takte 238–246 darstellen, zu einem zweiten Abschnitt in D-dur. Eine derartige Zweiteilung des Alternativo – und zwar in Tonarten, die in einem Terzverhältnis zueinander stehen – findet sich auch anderweitig bei Mozart, zum Beispiel im Finale der Sonate D-dur, KV 311 (zwei Themen, in h-moll und in G-dur). Hier aber spiegelt sich die Zweiteilung des Refrains noch einmal im Alternativo.

Nachdem der Komponist sich immer weiter vom im Ritornell (Takt 9–61) vorgestellten Material entfernt hat, bieten die Takte 441f. sozusagen ein Nachholmanöver: Der erste Teil des Refrains kehrt vollständig wieder, größere Teile des Ritornells – nun auf Orchester und Solo verteilt – erklingen wieder und führen zur ausführlichen „Buffo"-Coda, ab Takt 480, die auf den Nachsatz zurückgreift. Über dem gleichen Orgelpunkt *A* klingt die Phrase nun um eine Quarte höher, also in der Sphäre der Subdominante. Eine fast unmerkliche *tour de force*, denn so erweitert die Coda noch einmal die subdominantische Wendung der Hauptthemen der beiden Ecksätze.

Aufbau des dritten Satzes

Die beiden Themen, die den Refrain konstituieren, werden im folgenden mit A1 und A2 bezeichnet; ebenso die beiden thematischen Gebilde, die zusammen den Alternativo-Teil bilden, mit C1 und C2.

Refrain und Ritornell	1–61
A1 (Klavier)	1–8
(Orchester)	9–16
Erweiterung	17–61
A2	62–77
Überleitung	77–105
Couplet, B, e-moll – E-dur	106–129
Nachsatz, aus mehreren Sequenzen gebildet	129–175
Codetta	176–193
Überleitung	193–202
Refrain	202–229
A1, Klavier	202–209
A1, Orchester, und Überleitung (modulierend)	210–229
Zweites Couplet	230–293
C1, fis-moll	230–262
C2, D-dur	262–293
Überleitung	293–312
Refrain, A2	312–330
Couplet B, A-dur, a-moll – A-dur	330–363
Nachsatz	363–411
Codetta und Rückleitung zu Refrain A1	412–441
	441–456
Fortsetzung, hauptsächlich dem Ritornell (T. 17–61) entlehnt	456–480
Coda	480–524

Da Mozart die Fortsetzung der Wiederholung des Refrains A 2 in Takt 320 in Moll bringt, ist es begreiflich, daß das Couplet B in Takt 330 jetzt gleich in Dur einsetzt. Dieses Spiel mit den beiden Tongeschlechtern ist im Grunde charakteristisch für den ganzen Satz.

Am 30. September 1786 teilt Mozart seinem Freunde Sebastian Winter, Kammerherr des Fürsten von Fürstenberg in Donaueschingen mit, daß er ihm am nächsten Tag drei Sinfonien und drei Klavierkonzerte schicken wird. Dazu bemerkt er:

„bey dem Concert ex A sind 2 clarinetti. – sollten sie selbe an ihrem Hofe nicht besitzen, so soll sie ein geschickter Copist in den gehörigen ton übersezen; wodann die erste mit einer violin, und die zwote mit einer bratsche soll gespiellt werden."

Es mag auf den ersten Blick verwundern, daß Mozart als Ersatz von Klarinetten zwei *Streich*instrumente vorschreibt. Der Grund ist, daß ihm keine Blasinstrumente zur Verfügung standen, die die beiden Stimmen hätten übernehmen können: der tiefste Ton der ersten Stimme ist *a*, der zweiten *e*. Weder auf den damaligen Flöten, noch auf Oboe oder Englischhorn hätten die Stimmen ausgeführt werden können.

5. Das Konzert c-moll, KV 491

Es gibt, zumindest im Bereich der Mozartschen Klavierkonzerte, wohl kaum einen größeren Gegensatz als jener zwischen den Konzerten in A-dur, KV 488, und c-moll, KV 491. Und zwar nicht nur im Charakter, der ja schon weitgehend von den gewählten Tonarten bestimmt wird, und in der Orchesterbesetzung, die im c-moll Konzert dem Konzert KV 488 gegenüber um zwei Oboen, zwei Trompeten und Pauken erweitert ist.

Wie oben ausgeführt, scheint das A-dur Konzert dem Komponisten kaum Schwierigkeiten bereitet zu haben; das Autograph weist fast keine Änderungen oder Korrekturen auf. Es bleibt immerhin möglich, daß es zu diesem Konzert Skizzen gegeben hat, die wir nicht kennen.

Das Autograph des c-moll Konzertes enthält dagegen eine derartige Menge von Änderungen und Korrekturen, daß man den Eindruck hat, daß Mozart, entgegen seiner Gewohnheit, in einem frühen Stadium mit dem Niederschreiben begonnen hat, so daß das Komponieren, das „Ausdenken" (wie Mozart es manchmal nannte), der schöpferische Prozeß also, während der Arbeit des Schreibens noch immer weiterging. Zwischen der Vollendung dieses Konzertes – 24. März 1786 – und der des nächsten Werkes, *Le nozze di Figaro*, liegt eine Zeitspanne von etwas mehr als einem Monat; eine Zeitspanne, die wohl hauptsächlich mit Korrekturen und Proben zu dieser

Oper angefüllt gewesen sein wird (Die Uraufführung fand am 1. Mai statt).

Wer sich das Autograph anschaut – es ist in einer Faksimile-Edition der Boethius Press, Kilkenny, Irland zugänglich – kann sich wohl kaum dem Eindruck entziehen, daß Mozart geradezu fieberhaft an diesem Werk gearbeitet haben muß. Das hängt einerseits mit den erwähnten äußeren Umständen zusammen, andererseits wohl auch mit dem besonderen dramatischen Charakter des Werkes. Mozart beschwört hier eine musikalische Gedankenwelt herauf, die sich nur mit der der kurz vorher (1785 und 1784) komponierten Fantasie und Sonate in c-moll KV 475 und 457 vergleichen läßt.

Die Tonartenwahl ist bei Mozart besonders dann ein Indiz für den Charakter, wenn es sich um selten verwendete Tonarten handelt; und c-moll ist, als Haupttonart, selten in Mozarts Instrumentalwerken: Außer in den genannten Werken findet sie sich noch in der Serenade KV 388 (bzw. dem Quintett KV 516b) und in der Fuge KV 426, bzw. Adagio und Fuge KV 546. Die Verwandtschaft der c-moll Werke wird noch dadurch akzentuiert, daß Mozart in allen mehrsätzigen Werken die Paralleltonart für den Mittelsatz wählte.

Abgesehen von den vielen Korrekturen zeigt die Beschaffenheit des Autographs eine weitere Besonderheit. In diesem Fall ist das Gesamtkonzept primär gewesen. Denn an mehreren Stellen ist der Raum für den figurierten Solopart so eng, daß Mozart die Noten mit Müh und Not hineinpferchen konnte, nachdem der gesamte Orchestersatz schon notiert war; dies ist zum Beispiel der Fall in den Takten 228–248, 253–260, 346–361, 463–466 und 511–522 des ersten Satzes. Außerdem ist an mehreren Stellen eine noch erkennbare, vorläufige Notierung der Solostimme vorgenommen worden, die dann nachträglich durch eine definitive ersetzt wurde, so in den Takten 332–345 des ersten, sowie 17–24 des dritten Satzes.

Es ist anzunehmen, daß die Niederschrift in drei Phasen vor sich gegangen ist: 1) Gesamtpartitur; 2) vorläufige Notierung der Solostimme; 3) definitive Notierung derselben. Allerdings ist das Wort „definitiv" hier wohl *cum grano salis* aufzufassen, da besonders im letzten Satz mehrfach eine verkürzte Notierung angewandt worden ist, die einer Ausarbeitung harrt – einer Ausarbeitung, welche meistens aufgrund von vorhergehenden Takten leicht anzubringen wäre. Auch kommen manchmal mehrere, übereinander notierte Figurationen vor.

Es ist bezeichnend für das Mozartsche Genie, daß der Komponist es sich gerade in der Zeit der größten Erfolge beim Publikum erlaubte, der seiner Natur nach „gesellschaftlichen" Gattung des Solokonzertes einen neuen Akzent zu geben: Von den neun Sätzen der „Klarinettenkonzerte" stehen vier in einer Molltonart.

Die schon erwähnte Orchesterbesetzung, in der zum ersten und einzigen Mal alle im damaligen Sinfonieorchester üblichen Instrumente vertreten sind, markiert, zusammen mit Umfang und Bedeutung der orchestralen Teile, die Zugehörigkeit dieses Konzertes zu der Gruppe der sinfonischen Konzerte.

Nachdem Mozart im A-dur Konzert im ersten Satz in thematischer Hinsicht eine auffällige Beschränkung gewahrt hatte, im Schlußrondo aber eine Fülle von Themen zu Wort hatte kommen lassen, verfährt er hier genau umgekehrt. Es ist der erste Satz, der die ungewöhnliche Zahl von fünf Themen aufweist, während der Schlußsatz schon dadurch, daß er ein Variationensatz ist, im Hinblick auf die Themenzahl beschränkt ist.

Bei näherer Betrachtung erweist sich die Zahl 5 als bezeichnend für dieses Werk. Das Schlußritornell des ersten Satzes – an dem sich ausnahmsweise auch das Soloklavier beteiligt – ist nämlich so ausführlich, daß es an Bedeutung der Orchesterexposition fast gleichkommt. Demgemäß entsteht eine fünfteilige Struktur:

a Orchesterexposition
b Soloexposition
c Durchführung
d Reprise
e Kadenz und Schlußritornell

Im zweiten Satz ist die fünfteilige Struktur schon durch die einfache Rondoform vorgegeben:

a Refrain
b Erstes Couplet
c Refrain (verkürzt)
d Zweites Couplet
e Fast vollständige Reprise des Refrains und Coda

Die Variationenform scheint der Idee der Fünfteiligkeit zu widersprechen. Dadurch aber, daß zwei Variationen in einer Durtonart stehen (As- bzw. C-dur) kommt es im dritten Satz zu einer Verquickung der fünfteiligen Form des Rondos mit der Variationenform:

a Thema und Variation 1–3
b Variation 4 (As-dur)
c Variation 5
d Variation 6 (C-dur)
e Variation 7 und 8 und Coda

Der erste Satz

Zu dem Hauptthema des Konzertes KV 488, mit seinen klar umrissenen melodischen Linien, bildet das erste Thema dieses Konzertes den denkbar größten Gegensatz. Es ist ein ambivalentes Thema, das unisono in Streichern und Fagotten beginnt; im achten Takt beanspruchen die Oboen die Aufmerksamkeit des Hörers, und zwei Takte später sind die vorher absolut dominanten Streicher und Fagotte zur neutralen Grundierung des Tonsatzes verurteilt. Es ist fast, als ob der Komponist seine ersten Ideen niedergeschrieben hat, ohne noch genau zu wissen, wohin sie führen würden; erst mit dem 13. Takt setzt nicht nur das volle Orchester ein, sondern entfaltet sich die ursprüngliche Baßlinie zu einem wirklichen Thema in der Oberstimme – ohne daß dies übrigens mit einer Kadenz abgeschlossen wird; es endet in Takt 34 auf der Dominante. Der weitere Verlauf der Orchesterexposition ist eine regelmäßige Abwechslung von „voll besetzten" und kammermusikalischen Episoden. Das erste dieser dünn besetzten Teile enthält auch das zweite Thema (Takt 44), das eine Mollvariante eines Themas aus der Krönungsmesse, KV 317, darstellt (Gloria, Takt 57–65). Die zweite Tutti-Episode bringt eine verkürzte Wiederholung des Hauptthemas (Takt 63), die dritte den Abschluß – diesen übrigens im *piano* (Takt 97–99). Die Bedeutung des zweimaligen Erscheinens des Hauptthemas sowie des Piano-Abschlusses wird erst im Verlauf des ersten Satzes klar.

Die Soloexposition beginnt mit einem eigenen Thema an (Takt 100–118); daß es nicht etwa ein „Entrée" sondern ein wirkliches Thema ist, beweist der Durchführungsteil. In der Soloexposition erscheinen auch das vierte und fünfte Thema, und zwar in Takt 147 und 201. Die Takte 220–228, in denen die Flöte das Hauptthema in es-moll vorstellt (an einer Stelle, wo man sonst keineswegs einen Hinweis auf das Anfangsthema erwarten würde), lassen verstehen, warum auch in der Orchesterexposition dieses Thema zweimal vorkam.

Genau wie im d-moll Konzert enthält der Durchführungsteil eine wirkliche Verarbeitung von thematischem Material aus der Exposition, vor allem der Themen eins und drei. Da in der (stark verkürzten) Reprise das Thema 3 nicht mehr aufscheint, ist anzunehmen, daß dieses in der Kadenz eine Rolle spielen sollte. Nach dem Vorbild der Orchesterexposition endet das Schlußritornell in den Takten 507–509 im *piano* – das heißt: scheint hier abgeschlossen zu werden. Die vom Solisten mitgespielte Coda greift auf eine Episode der Durchführung zurück (Takt 354–362) und beschließt den Satz *pianissimo* – auch dies eine auffällige Parallele zum d-moll Konzert.

Es ist wohl der erste Hauptsatz Mozarts, in dem nicht nur thematische Beziehungen bestimmend für Gestaltung und Charakter sind, sondern auch eine bestimmte rhythmische Figur. Es handelt sich um die Figur in den Takten 5 (mit Auftakt) und 6: ♪ | ♩ ♩ ♩ | ♩ ♩.

Sie spielt bis Takt 44, wo das zweite Thema einsetzt, eine entscheidende Rolle; dann kehrt sie wieder in der Wiederholung des Hauptthemas (Takt 63) und (teilweise, aber wesentlich!) in der Schlußphrase (Takt 88); darüber hinaus erscheint sie – abgesehen von Wiederholungen des Hauptthemas oder Teilen davon – an folgenden Stellen: Takt 190 f., Klavierbaß (verkürzt zu ♪| ♩ ♩); Takt 307 f., Fagotte; Takt 354 f. (verkürzt); Takt 509–521.

Aufbau des ersten Satzes

a Orchesterexposition 1–99
  1. Thema (die zweimalige
  neapolitanische Sexte in
  Takt 22 und 25 findet eine
  Entsprechung im Thema
  des dritten Satzes, und
  insbesondere in dessen
  Coda) 1–13, 13–34
  Überleitung 35–44
  Zweites Thema 44–63
  Verkürzte Wiederholung
  des Hauptthemas 63–73
  Trugschluß in As 73
  Überleitung 73–87
  Schlußgruppe
  (auf das Hauptthema
  hinweisend) 88–99
b Soloexposition 100–265
  Drittes Thema (Solo) 100–118
  Zitat des ersten Themas
  (Orchester, Fortsetzung
  im Solo) 118–135
  Überleitung 135–147
  Viertes Thema 147–165
  (wiederum Trugschluß;
  c-e-g-b ist Zwischendominante!)
  Freie Fortsetzung
  führt zum 165–200
  fünften Thema 201–220
  Durchführungsartiges
  Zitat des Hauptthemas 220
  dessen Fortsetzung zum
  definitiven Abschluß der
  Soloexposition führt 265
  Die durch den Einschub
  in Takt 220 ausufernde
  Exposition findet keine
  Entsprechung in der Reprise,
  wohl aber in der Coda.

c Ritornell (nach Es-dur
  transponierte Variante
  des Hauptthemas) 265–282
d Durchführungsteil
  (hauptsächlich auf den
  Themen 1 und 3
  basierend) 283–362
e Reprise 362–473
  (Das dritte Thema
  kehrt nicht zurück,
  das vierte und fünfte
  in umgekehrter
  Reihenfolge.)
  Erstes Thema 362–387
  Fünftes Thema 391–410
  Viertes Thema 410–428

Beim vierten Thema ist
nicht die Rede von einer
Wiederholung in Moll,
sondern von einer
Korrespondenz;
in einer notengetreuen,
nach c-moll transponierten
Wiederholung hätte der
Anfang lauten müssen:

;

er lautet aber

  Überleitung 428–444
  Zweites Thema 444–452
  Nachsatz 452–473
f Ritornell 473–486
g Kadenz 486
h Schlußritornell und
  Coda 487–509, 509–523

129

Der zweite Satz

Verglichen mit dem alle (ungeschriebenen) Regeln sprengenden Aufbau des ersten Satzes, ist der zweite von verblüffender Einfachheit. Zwei Aspekte sollen aber hervorgehoben werden. Erstens: Obwohl in einem Es-dur Rondo die Dominanttonart für eines der Couplets naheliegt (man vergleiche etwa den Mittelsatz der Sonate KV 457), findet sie hier keinen Platz, sondern weicht der Subdominante und der Mollparallele, wodurch der Satz sich enger den tonalen Verhältnissen der Ecksätze anschließt. Zweitens: Die Abschlußtakte des Refrains und dessen Wiederholungen sind so orchestriert, daß die Einsätze der Couplets sich so günstig wie möglich abheben: Takt 19 ohne Oboen und Fagotte, Takt 20 Oboen und Fagotte; Takt 42 ohne Klarinetten und Fagotte, Takt 43 (mit Auftakt) Klarinetten und Fagotte.

Der Refrain bietet ein Beispiel eines nicht-notierten Taktwechsels: Takt 11 und die erste Hälfte des nächsten Taktes bilden zusammen einen 3/2 Takt. Besonders in Takt 14 und 15 wird deutlich, daß die Taktstriche – nach moderner Logik – um einen halben Takt verschoben werden müssen (dasselbe gilt für die Takte 69–73). Trompeten und Pauken schweigen in diesem Satz – es gibt bei Mozart nur ein einziges mehrsätziges Werk, in dem auch im langsamen Satz Trompeten und Pauken mitwirken, nämlich die Linzer Sinfonie, KV 425 – der als kräftiger Gegensatz zu den sinfonischen Ecksätzen rein kammermusikalisch ist.

Die instrumentale Disposition ist äußerst einfach und übersichtlich. Im Refrain wirken Soloklavier und Orchester in differenzierter Weise zusammen; beide Couplets bestehen aus viermal vier Takten, in denen jeweils ein Bläsersatz von einer Variation für Klavier und Streicher abgelöst wird; gewissermaßen wiederholt sich hier das Variationsprinzip des Mittelsatzes des Konzertes KV 450.

Der dritte Satz

Auch der dritte Satz ist, besonders im Vergleich zum ersten, relativ einfach strukturiert, zumal das Variationsthema einen sehr klassischen Zuschnitt aufweist: zweimal acht jeweils wiederholte Takte. Im weiteren Verlauf ereignen sich aber Dinge, die alles andere als konventionell sind. Die beiden Dur-Variationen weichen nämlich derart stark vom Thema ab, daß sie eher als Intermezzi wirken – ein Nachhall des Mittelsatzes des Konzertes KV 482. Übrigens verwendet Mozart hier dasselbe Prinzip wie in den Couplets des zweiten Satzes: Abwechslung von Bläsersatz und von Streichern begleitetem Klaviersatz; dasselbe gilt für die zweite Variation. Außerdem bekundet die Akzentuierung der Spitzentöne es', f' und b' in der As-dur Variation eine enge Beziehung zum zweiten Couplet im zweiten Satz.

C. Die Nachzügler

Mit dem Terminus „Nachzügler" bezeichnen wir die letzten drei Klavierkonzerte (503, 537 und 595), deren Komposition in relativ großen Zeitabständen erfolgte. Sie weisen denn auch keinen inneren Zusammenhang auf wie die Konzerte der Jahre 1784–1786.

Das erste dieser Konzerte, Ende 1786 vollendet, kann noch als Abschluß der großen Konzerte gesehen werden. Es fällt in die Periode zwischen der Uraufführung von *Le nozze di Figaro* und der Reise nach Prag – eine Periode; in der Mozart eine atemberaubende Produktivität entwickelte: in wenigen Monaten entstanden drei Klaviertrios, ein Streichquartett, ein Klavierquartett, ein Hornkonzert, vier Klavierwerke, eine Sinfonie und eben dieses Klavierkonzert.

6. Das Konzert C-dur, KV 503

Sowohl aufgrund der Besetzung als auch der kompositorischen Anlage gehört dieses Konzert eindeutig zum Typus des sinfonischen Konzertes. Die Besetzung ist die gleiche wie in den übrigen Konzerten in C- und D-dur, bzw. d-moll (KV 451, 466 und 467), umfaßt also keine Klarinetten, wohl aber Trompeten und Pauken. Die Orchesterexposition ist in diesem Konzert länger als in allen anderen. Sie umfaßt zwei Themen, deren erstes „unklavieristisch" ist – es wird vom Klavier nur bruchstückweise übernommen; der Solist hat demgemäß auch sein eigenes, nicht-thematisches „Entrée". Orchester- und Soloexposition enthalten beide ein zweites, bzw. drittes Thema. In etwas vereinfachter Form finden wir hier ein Verfahren, das demjenigen des Konzertes in c-moll einigermaßen gleicht; die Durchführung ist fast gänzlich auf dem orchestralen zweiten Thema aufgebaut, die Reprise bringt dann beide Themen. Das dritte (= orchestrale zweite Thema) ist diesmal nicht – wie etwa im ersten Satz des Konzertes KV 450 – tonal gebunden; es erklingt sogar zuerst in c-moll und wird dann in

C-dur wiederholt; in der Durchführung erscheint es zweimal in Moll, einmal in Dur, dann wird es fragmentiert.

Ein anderes Merkmal dieses Konzertes sind die ungewöhnlich langen Orgelpunkte. Nun ist der Orgelpunkt auf der Dominante im allgemeinen ein beliebtes Mittel Mozarts, um die Wiederkehr eines Hauptthemas vorzubereiten, besonders im ersten Satz. Diesmal spielt es in allen drei Sätzen eine vergleichbare Rolle, nämlich die, eine Entscheidung hinauszuschieben – im Grunde also ein dramatisches Prinzip.

Im ersten Satz hat dieser Orgelpunkt in etwa die übliche Dauer: acht Takte (281–289). Im zweiten Satz, dessen erster Teil wie eine reguläre Sonatenexposition mit zwei Themen angelegt ist, besteht der zu erwartende Durchführungsteil aus einer Überleitung von nicht weniger als 15 Takten, die ausschließlich auf der Dominante beruht. Im dritten Satz wird schon das erste Couplet von einem Orgelpunkt vorbereitet (Takt 66–75); und auch den jeweiligen Reprisen des Refrains gehen ausführliche Überleitungen auf der Dominante voraus (Takt 91–113 und 206–229); analog zu den Takten 66–75 wird auch die Rückkehr des ersten Couplets wieder von einem Orgelpunkt vorbereitet (Takt 257–269).

Man ist geneigt anzunehmen, daß dieses Konzert aufgrund seiner formalen Dimensionen großen Eindruck auf Beethoven gemacht haben muß – falls er es überhaupt gekannt hat. Noch ein anderes kompositorisches Detail weist in Richtung Beethoven: Das Anfangsmotiv des zweiten Orchesterthemas durchdringt nämlich den ganzen ersten Satz, auch da, wo dieses Thema nicht direkt präsent ist (Siehe dazu Takt 26–50, 66–70, 82–88, 143–146, 152–159, 187–191, 214–233 und die entsprechenden Stellen in der Reprise).

Der Schlußsatz gehört wieder zum Typus des großen Rondos, wie im Konzert KV 488; nur ist diesmal der Refrain nicht in zwei Themen aufgeteilt, sondern das Klavier bringt ein nicht-thematisches „Entrée"; der Alternativoteil enthält wieder zwei durch Terzverwandtschaft verbundene Themen (in a-moll und F-dur). Zwei übergreifende Charakteristika sollten noch erwähnt werden: die in allen Sätzen erscheinenden

Dreiklangsmotive (an sich ein häufig auftretendes thematisches Element in der Musik jener Epoche, in Mozarts Klavierkonzerten aber eher selten) und der häufige Dur-Moll-Wechsel der gleichen musikalischen Gedanken, vor allem im ersten und dritten Satz.

Aufbau des ersten Satzes

a Orchesterexposition 1–90
  Erstes Thema 1–26
  Erste Mollwendung 17–25
  Überleitung 26–50
  Zweites Orchesterthema
  (= drittes Thema) 51–66
  in Moll 51–58
  in Dur 59–66
  Nachsatz 66–90
b Soloexposition 91–214
  Entrée 91–112
  Erstes Thema 112–126
  Erweiterung 126–146
  Überleitung (Modulation
  über Es-dur und g-moll
  nach G-dur) 146–170
  Zweites Thema 170–187
  Nachsatz (basiert
  weitgehend auf dem
  Marseillaise-Motiv) 187–214
  Die Takte 208–210, in denen
  ein siebentöniges Motiv zweimal
  wiederholt wird, wobei die
  metrischen Akzente verschoben
  werden, gehören zu den Takten,
  zu denen Mozart sich Skizzen
  machte, mit dem Zusatz
  „Mittelgedanken".
c Ritornell 214–228

d Durchführung 228–282
  Rückleitung über
  Orgelpunkt auf G 282–290
e Reprise, verläuft größtenteils
  analog zur Exposition,
  mit zwei wesentlichen
  Abweichungen: Es fehlt
  naturgemäß das Entrée des
  Solisten; der in Takt 324
  einsetzende modulatorische
  Teil führt jetzt nicht nur
  nach Es-dur, sondern
  von da über es-moll, H-dur
  (= Ces-dur), h-moll zur
  7. Stufe von g-moll und
  so zur Dominante von
  C-dur, T. 334–341. 290–399
  Zweites Thema 345–364
  anschließend drittes
  (= zweites Orchester-) Thema,
  beide in C-dur, aber mit
  starken Mollfärbungen im
  zweiten Solothema 365–372
  Nachsatz 372–399
f Ritornell 399–410
g Kadenz 410
h Schlußritornell, größtenteils der
  Schlußphrase der Orchesterexposition entlehnt 411–432

Der zweite Satz

Der Mittelsatz ist zwar Andante überschrieben, doch eine Aufführung im gleichen Tempo wie etwa die Mittelsätze der Konzerte KV 175, 365, 414/386a und 453 – alle Andante im 3/4 Takt – wäre unerwünscht, wenn nicht gar unmöglich, wie aus Takt 98 zu ersehen ist: Die Vierundsechzigstel-Figuren wären in einem üblichen Andante-Tempo kaum ausführbar; daher ist anzunehmen, daß nicht das Viertel, sondern das Achtel als Zähl-Einheit zu gelten hat. Doch fehlte Mozart die Möglichkeit, dies in der Taktbezeichnung auszudrücken: 6/8 war ja die Bezeichnung für eine Takteinteilung in zwei Gruppen von drei Achteln, und hier handelt es sich um drei Gruppen von zwei Achteln.

Ebenso wie der Mittelsatz des Konzertes KV 467 wird das Andante genau nach dem Modell eines Hauptsatzes von einer Orchesterexposition eröffnet, die beide Hauptthemen enthält und in der Reprise nicht wiederkehrt.

Innerhalb des sinfonischen Konzepts ist das Andante ein Musterbeispiel des kammermusikalischen Prinzips; Trompeten und Pauken schweigen, Holzbläser und Hörner haben dagegen einen entscheidenden Anteil am musikalischen Geschehen.

Aufbau des zweiten Satzes

Orchesterexposition	1–22	Bemerkenswert sind die Takte
Erstes Thema	1–9	63–65, in denen ein scheinbarer
Überleitung	9–13	harmonischer Stillstand durch
Zweites Thema	13–19	Instrumentation und Dynamik
Nachsatz	19–22	belebt und artikuliert wird.
Soloexposition	23–59	Reprise 74–109
Erstes Thema	23–31	Erstes Thema 74–82
Überleitung, nach C-dur		Verkürzte Überleitung 82–86
modulierend	31–42	Zweites Thema 86–94
Zweites Thema	43–51	Nachsatz 94–102
Nachsatz, Zwischenspiel		Coda
auf Orgelpunkt C, anstelle		(der Orchesterexposition
einer Durchführung	51–59	entnommen) 102–109

Der dritte Satz

Ausnahmsweise fängt auch der dritte Satz mit einem ausführlichen Orchesterritornell an, was den sinfonischen Charakter des Werkes einmal mehr unterstreicht. Es unterscheidet sich von den Ritornellen der beiden anderen Sätze hauptsächlich dadurch, daß ein zweites Thema nicht aufscheint.

Das Tempo ist Allegretto, die Taktart 2/4; das Finale gehört also, ebenso wie diejenigen der Konzerte KV 414/386 a und 537, zu den gemächlich-schlendernden Sätzen, die nicht zu schnell gespielt werden sollten: Die Brillanz ist nicht in der Thematik vorgegeben, sondern erwächst erst aus der Figuration; und auch diese darf ihren melodischen Charakter nicht verlieren.

Ein wichtiger Aspekt dieses Ritornells ist die Molltrübung in den Takten 16–22, die erstens die Verbindung mit dem ersten Satz deutlich macht und zweitens auch im weiteren Verlauf des Satzes eine Rolle spielt.

Das an sich nicht thematische Entrée des Klaviers (Takt 33) greift die Dreiklangmotivik des ersten und zweiten Satzes wieder auf; und obwohl sie als solche nicht wiederkehrt, bezieht sich darauf offensichtlich das erste Thema des Alternativo-Teils (Takt 145).

Der Verlauf des Rondos zeigt unter anderem Ähnlichkeit mit dem des Konzertes KV 488 – und weicht zugleich in mehreren Punkten davon ab; ein Beweis, daß Mozart immer bestrebt war, unter Beibehaltung gewisser Grundprinzipien (z. B. tonartlichen Verhältnissen), seinen Konzerten eine jeweils neue Gestalt zu verleihen. Mit einer Kadenz hat Mozart in diesem Rondo nicht gerechnet, wohl aber mit Eingängen.

Aufbau des dritten Satzes

Ritornell	1–32	Überleitung auf	
Refrain	1–8	Orgelpunkt G	91–113
Fortsetzung desselben		Wiederkehr des Refrains	
Moll-Intermezzo,	9–16	(zum erstenmal vom	
vom Hauptthema abgeleitet	16–24	Klavier gespielt)	114–137
Abschluß	24–32	Soloklavier	114–121
Entrée des Solisten	33–48	Tutti	122–137
Erweiterung und Überleitung		Mollvariante des Refrains,	
zum ersten Couplet	48–75	als Überleitung zum	138–145
Erstes Couplet	76–91	Zweiten Couplet	145–206
Klavier und Streicher	76–83	Erster Abschnitt (a-moll)	145–162
Holz, Klavier und Streicher		Zweiter Abschnitt (F-dur),	
(wobei das Klavier,		in dem das Klavier wiederum	
wie öfter in den späteren		häufig „begleitet"	163–206
Konzerten, eine begleitende		Überleitung,	
Funktion hat)	84–91	auf Orgelpunkt G	206–230

Das Rondo weist also eine äußerst regelmäßige, fast akademische Form auf, mit Ausnahme des in Takt 163 völlig unerwartet auftretenden Themas in F-dur. Und dieses erzeugt durch seine (nicht nur tonartliche) Beziehung zum zweiten Satz einen willkommenen Ruhepunkt im virtuosen Gesamtverlauf.

7. Konzert D-dur, KV 537

Das im Jahre 1788 komponierte, als „Krönungskonzert" bekannte Werk nimmt in mehreren Hinsichten eine Sonderstellung ein. Zeitlich gehört es, ebenso wie das Konzert KV 595, zu den „Nachzüglern". Rein äußerlich betrachtet könnte man geneigt sein, es zu den sinfonischen Konzerten zu rechnen, teilt es doch mit den Konzerten KV 466, 467 und 503 die gleiche Orchesterbesetzung. Und schließlich zeigt die von Mozart hinterlassene Notierung der Solostimme ein Ausmaß an Unvollständigkeit, das alle anderen Konzerte weit übertrifft.

Daß das Konzert ein Nachzügler ist, geht eindeutig aus der Datierung hervor, denn zwischen dem Konzert KV 503, datiert vom 4. 12. 1786, und dem vorliegenden Konzert, datiert vom 24. 2. 1788, komponierte Mozart kein anderes Konzert. Das Werk hat denn auch nichts zu tun mit den sonstigen Wiener Konzerten, hatte doch das Interesse des adeligen Publikums – aus welchen Gründen auch immer – derart nachgelassen, daß Mozart auch ein Jahr später seinem Freund Puchberg noch schreiben mußte: „ich habe 14 Tage eine Liste herumgeschickt, und da steht der einzige Name *Swieten"* (12. 7. 1789).

Die relativ große Orchesterbesetzung, die sich nicht nur in den oben genannten Konzerten, sondern auch im Konzert KV 451 findet, soll uns nicht irreführen. Mozart notierte im eigenhändigen Verzeichnis: *Ein Klavierkonzert* in D-dur. – *á 2 violini, viola e Basso. 1 flauto, 2 oboe, 2 fagotti, 2 corni. 2 clarini et timpany ad libitum.* Ausnahmsweise notierte er also nicht den Basso am Schluß, sondern gleich nach „viola e" und *vor* den Bläsern. Welche Bedeutung wir dieser Formulierung beimessen müssen, soll später noch erläutert werden. Die manchmal äußerst flüchtige Notierung der Solostimme hängt offensichtlich mit Mozarts Absicht zusammen, das Konzert kurz nach der Vollendung aufzuführen; jedoch sind für 1788 keine Aufführungen belegt. Erst am 14. April 1789 spielte Mozart das Werk am Dresdner Hof; am 15. Oktober 1790 spielte Mozart in Frankfurt zwei Konzerte; es wird allgemein angenommen, daß eines der im nachstehenden Programm erwähnten Werke eben dieses Konzert gewesen ist.

Obgleich im Hinblick auf seinen Gesamtumfang das Werk zu den großen Konzerten gerechnet werden kann, ist es doch kaum mit den Werken der Jahre 1784–86 gleichzusetzen. Erstens begibt Mozart sich hier, besonders in struktureller Hinsicht, kaum auf neue Wege; er vertraut sozusagen auf die von ihm selbst erprobten Prinzipien. Zweitens sind insbesondere die Ritornelle, die die Kadenz vorbereiten bzw. den ersten Satz abschließen, derart bescheiden, daß eine Bezeichnung sinfonisches Konzert durchaus fehl am Platz wäre; das ganze Werk mutet fast an wie „Musik über Musik" – gleichsam eine Antwort auf die (imaginäre) Frage: „Erinnerst Du dich, wie wir vor einigen Jahren Klavierkonzerte zu komponieren pflegten?" Einzig in harmonischer Hinsicht zeigt sich Mozart hier, vor allem im letzten Satz, vollkommen auf der Höhe seines damaligen Schaffens.

Mozarts Ausarbeitung der „Begleitung" (= Orchestrierung) gemahnt an jene der Konzerte KV 413/387a, 414/385p, 415/387b und 449, wobei die fakultative Beteiligung der Bläser in KV 449 im eigenhändigen Verzeichnis belegt ("2 oboi 2 corni ad libitum"), bei den drei anderen Konzerten durch einige Briefstellen dokumentiert ist. Und auch hier notiert Mozart nicht, wie sonst, „2 viole", sondern „viola". Obligate Bläserstimmen gibt es im ersten und zweiten Satz tatsächlich nicht; an vielen Stellen schweigen sie, sonst verdoppeln sie in der Hauptsache die Streicherstimmen. Im Schlußrondo scheint Mozart allmählich seine ursprüngliche Absicht zu vergessen, denn die Stimmen der Holzbläser tragen hier sehr wesentlich zum Klangbild bei; ließe man Flöte, Oboen und Fagotte weg, so entstünden zwar nirgends Lücken, doch würde vielfach etwas sehr Wesentliches fehlen, namentlich in folgenden Takten: 56–60 (Holz und Hörner); 96–97 (Flöte, Fagott); 107–109 (Flöte); 137–144 (Holz); 149–150 (Holz); 182–188 (alle Bläser); 197–201, 204–207, 247–248 (Holz); 258–260 (Flöte); 288–295 (Holz); 361–362 (Fagotte).

Der erste Satz

Das ziemlich lange Ritornell (80 Takte) enthält beide Hauptthemen und stellt somit eine richtige Orchesterexposition dar. Das Mittelritornell (Takt 216–236) hat eine Ausdehnung, die für das Werk fast die Bezeichnung sinfonisches Konzert rechtfertigen könnte, sehr im Gegensatz zu den schon erwähnten Ritornellen vor und nach der Kadenz, die beide auf die entsprechenden Stellen in der Orchesterexposition verweisen. Der Durchführungsteil ist teils motivisch, da er ein Schlußmotiv des vorangehenden Ritornells weiter verarbeitet, gehört aber im übrigen eher zum Typus der Fantasie-Durchführung, in der jedoch die freizügige Verwendung des 6/4 Akkordes eine besondere Note bringt (Takt 271–276).

Aufbau des ersten Satzes

a	Orchesterexposition	1–80		Abschluß	74–80
	Erstes Thema	1–13	b	Soloexposition	81–216
	Überleitung	13–38		Erstes Thema,	
	Zweites Thema	38–50		hauptsächlich vom	
	Nachsatz, eine Art			Soloklavier vorgetragen	81–99
	„drittes Thema"			Fortsetzung und Überleitung,	
	enthaltend, das nur in			hierin ein Gebilde,	
	der Reprise wiederkehrt	50–74		das in der Dominanttonart	

erscheint (Takt 128),
fast den Charakter eines
„zweiten Themas" hat,
jedoch nicht
abgeschlossen wird — 99–164
Zweites Thema, im Vergleich
zur Orchesterexposition
wesentlich erweitert — 164–193
Nachsatz — 193–216
c Ritornell — 216–236
d Durchführungsteil — 236–292
Erster Abschnitt,
das Schlußmotiv des
Ritornells aufgreifend — 236–263
Zweiter Abschnitt,
quasi improvisatorisch — 263–281
Rückleitung über
Orgelpunkt auf A — 281–292
e Reprise, verläuft im
Wesentlichen analog zur
Exposition, nur erscheinen
alle Themen, wie üblich,
in der Haupttonart. — 292–409
Erstes Thema — 292–299
Scheinbares zweites
Thema — 312–
Zweites Thema, der
Exposition gegenüber
einigermaßen verkürzt; — 348–369
Reprise wird erweitert
durch das Einschalten des
„dritten Themas" aus der
Orchesterexposition,
das nun in den
Nachsatz hinüberführt — 369–409
f Ritornell — 409–415
g Kadenz — 415
h Schlußritornell — 416–422

Der zweite Satz

Der Mittelsatz gehört, wie jene der Konzerte KV 466 und 595 zum Romanzentypus – eine Skizze zum Hauptthema dieses Satzes ist mit „Romance" überschrieben –, und die nicht von Mozart stammende Tempobezeichnung *Larghetto* scheint durchaus zutreffend. Der Satz weist eine äußerst einfache Form auf: Einem dreiteiligen Hauptsatz folgt ein modulierender Mittelteil, nach welchem der erste Teil wiederholt und mit einer kurzen Coda abgeschlossen wird. Der Mittelteil gibt eindeutig Anlaß zu improvisierten Verzierungen.

Aufbau des zweiten Satzes

Erster Teil — 1–43
Erster Abschnitt — 1–16
Zweiter Abschnitt — 17–28
Verkürzte Wiederholung
des ersten Abschnitts — 28–35
Nachsatz — 36–43
Zweiter Teil — 44–71
Erster Abschnitt, mit unregel-
mäßiger Periodisierung — 44–53
Zweiter, modulierender
Abschnitt,
via e-moll, h-moll,
a-moll und C-dur,
Dominante führend — 54–69
Überleitung und Eingang — 69–71
Wiederholung des ersten
Teiles — 72–98
Nachsatz und Coda — 99–110

Der dritte Satz

Der dritte Satz ist – wie häufiger in Mozarts Spätwerken – ein großes Rondo, dessen Mittelteil Durchführungscharakter hat. Und wie im Finale des Konzertes KV 488 umfaßt der Refrain zwei Themen, deren zweites als komplementäres Thema zu betrachten ist. Dabei ist zu bemerken, daß gerade dieses Thema von besonderer Bedeutung für die Durchführung ist – abermals ein Beweis, daß Mozart immer noch auf der Suche nach neuen Gestaltungsmöglichkeiten, besonders der Finalsätze, war.

Aufbau des dritten Satzes

Refrain, erstes Thema	1–47
Erster Abschnitt, Solo	1–8
Orchester	9–16
Zweiter Abschnitt, Orchester	16–22
Solo	22–28
Tutti-Abschluß	28–47
Zweites (komplementäres) Thema	48–64
Überleitung, nach A-dur modulierend	64–89
Couplet, zuerst in a-moll, Orchester	89–97
dann in A-dur, Solo	97–105
Nachsatz	105–136
Codetta, Überleitung und Eingang	136–151
Erste Wiederholung des ersten Teils des Refrains, die ohne Abschluß in den Durchführungteil übergeht und zur Dominante der Paralleltonart h-moll führt	152–182
Überleitung, durch enharmonische Umdeutung zu B-dur führend	182–188
Durchführungsteil, der hauptsächlich auf dem komplementären Thema basiert	188
und zum jetzt nach G-dur transponierten Überleitungsabschnitt hinführt	212
Fortsetzung der Durchführung	212–240
Wiederholung des Couplets, in d-moll	240–248
in D-dur	248–256
Fortführung, den Takten 105–136 entsprechend	256–287
Codetta, Überleitung und Eingang	287–302
Letzte Wiederholung des ersten Themas des Refrains	302–330
Logischerweise kehrt das „komplementäre Thema", das ja in der Durchführung so stark hervortrat, nicht mehr zurück.	
Nachsatz und Coda	330–374

8. Das Konzert B-dur, KV 595

Das zu Beginn von Mozarts letztem Lebensjahr vollendete Konzert KV 595 weist die gleiche Orchesterbesetzung auf wie die Konzerte in G-, B- und F-dur des Jahres 1784. Es ist ein kammermusikalisches Konzert, wie es sich typischer kaum denken läßt. Der naheliegende Vergleich mit den beiden Konzerten in der gleichen Tonart, KV 450 und 456, zeigt, daß darin weder die Entdeckungsfreude und Begeisterung von KV 456 noch die ergreifenden Wendungen des zweiten und dritten Satzes von KV 456 vorkommen. Daß das Hauptthema des dritten Satzes im bald darauf komponierten Lied *Sehnsucht nach dem Frühling* wiederkehrt, sagt ebensoviel über den Charakter des Werkes aus, wie das Zitat aus Dorabella s Arie *É amore un ladroncello (Così fan tutte*, 2. Akt, Nr. 28) im gleichen Satz.

KV 595, Dritter Satz, Takt 5–6

Auch strukturell schließt sich das Konzert im wesentlichen der Tradition der Konzerte des Jahres 1784 an: keine Vielfalt von Themen, wie etwa in KV 491 und 503, kein „Entrée" des Solisten. Und doch ist das Konzert keineswegs eine Kopie der früheren, denn es weist einige Eigentümlichkeiten auf, die beweisen, daß Mozart auch in dieser Zeit noch immer über die Möglichkeiten der Gestaltung des Klavierkonzertes nachdachte. So wird die Reprise im ersten Satz zwar mit der üblichen „Arienkadenz" abgeschlossen, aber das heißt nicht, daß der Solist damit zum Schweigen gebracht wird: Er hat auch zwischen diesem Abschluß und der Kadenz noch etwas vorzutragen. Das Schlußrondo verbindet in verblüffender Weise lyrische Kantabilität mit Sparsamkeit der thematischen Mittel. Eine solche Effizienz wird nur noch im Rondo des Streichquintetts KV 614 überboten.

Während in anderen Konzerten der Orgelpunkt meistens an Stellen verwendet wird, wo ein Thema oder die Reprise vorbereitet wird, ist hier – ähnlich wie im Konzert KV 537 – ein Orgelpunkt die Basis des Hauptthemas des ersten Satzes; es ist dementsprechend eher als „lyrisch" denn als „dynamisch" zu bezeichnen. Das Thema besteht aus einem aufsteigenden Dreiklang, dem ein absteigender, umspielter Dreiklang folgt.

Zwei der drei instrumentalen Komponenten des Mozartschen Klavierkonzertes werden gleich am Anfang einander gegenübergestellt: Streicher (Takt 1–5, 6–9, 10–13) und Bläser (Takt 5–6 und 9–10). Dabei beschränken sich die Bläser zunächst auf ein signalartiges Dreiklangsmotiv. Sowohl das Streicherthema als auch dieses „Signal" gelangen in der Durchführung zu einem äußerst fesselnden Dialog, wobei die Umspielung der Takte 3 und 4 in vielen melodischen Varianten aufscheint.

Die obligate Präsentation der Blasinstrumente ist, wie in den Konzerten der Jahre 1784–86, eine Selbstverständlichkeit; wiederholt führt sie zu der Anwendung des Prinzips der durchbrochenen Arbeit, wodurch gleichsam ein (wohl nicht von Mozart intendierter) Bezug zum ersten großen Konzert (KV 450) hergestellt wird.

Ein auffallendes Merkmal des Konzertes ist ferner seine „schwebende" Metrik. Kann man den Anfang (Takt 1–12) noch ziemlich einfach als $4+2+2+2+2$ Takte deuten, so sind die Verhältnisse im weiteren Verlauf des Satzes keineswegs einfach, wie etwa die Takte 54–69 belegen. Aber gerade dieses „schwebende" Element gehört zum Wesen des Werkes.

Das größte Wunder dieses Satzes ist wohl die nach Takt 181 einsetzende Durchführung, die nicht nur von sehr ungewöhnlichen Modulationen, sondern auch von einer höchst erfindungsreichen Verarbeitung des Hauptthemas gekennzeichnet wird. Es gibt wohl kaum einen Konzertsatz Mozarts, in dem so viele Modulationen einander so rasch folgen; nach dem Abschluß in F-dur in Takt 182 ist der Komponist schon nach neun Takten in h-moll angelangt. Die weiteren Tonarten – bis zur Wiederkehr der Haupttonart in Takt 242 – sind: C-dur, c-moll, Es-dur, es-moll, Ces-dur (V), As-dur (V), f-moll

(V), g-moll (V), dann sequenzierend: g-moll, c-moll, f-moll, B-dur, Es-dur, B-dur, f-moll, c-moll, g-moll (V), alteriert zu d-moll, d-moll (V), d-moll (VII) = enharmonisch f-moll (VII) (Zwischendominante), F-dur (V), B-dur (I).

Besonders erstaunlich sind die Takte 209–216. Reduziert man nämlich das musikalische Gewebe auf sein harmonisches Gerüst, dann bleiben vier Dominant-Septakkorde übrig, deren viertem erst in Takt 217 eine Tonika folgt.

KV 595, Erster Satz, Takt 209–217 (Harmonien)

Sehr ungewöhnlich ist der frühe Einsatz des zweiten Themas in der Orchesterexposition (Takt 16); es wird nicht in üblicher Weise abgeschlossen, da in Takt 29 eine Phrase einsetzt, die quasi als drittes Thema gelten kann. Außerdem folgt nach Takt 53, da das Ritornell formal abgeschlossen ist, noch eine ausführliche, lyrische Binnen-Coda.

Aufbau des ersten Satzes

a	Orchesterexposition	1–80		Nachsatz	153–175
	Erstes Thema	1–12	c	Ritornell	175–182
	Zweites Thema	16–	d	Durchführung	182–242
	Drittes Thema	–39	e	Reprise	242–352
	Nachsatz und			Erstes Thema	242–253
	vorläufiger Abschluß	39–54		Neue Überleitung	253–292
	Codetta	54–80		Zweites Thema	292–
b	Soloexposition	81–175		Drittes Thema	–315
	Erstes Thema	81–92		Nachsatz	315–335
	Überleitung, mit			Coda (der Orchester-	
	größtenteils neuem			exposition entlehnt)	335–352
	Material	92–130	f	Ritornell	352–357
	Zweites Thema	130–	g	Kadenz	357
	Drittes Thema	–153	h	Schlußritornell	358–369

Der zweite Satz

Das Larghetto verbindet Charakter und Bewegung der Romance (wie etwa in KV 466 und 537) mit der dreiteiligen Form des Mittelsatzes von KV 488.

Im ersten Abschnitt wechseln Klavier und Orchester einander regelmäßig ab; der Mittelteil beginnt in der Haupttonart, moduliert aber nach Ges-dur und findet über den für Mozart charakteristischen übermäßigen Sextakkord auf *Ces* (Takt 73) zur Dominante von Es-dur zurück. Die in Takt 82 einsetzende Reprise ist dem ersten Komplex gegenüber insofern verändert, als die Wiederholung der Takte 1–8 entfällt; zudem ist die zweite Phrase erweitert und das Zusammenwirken von Klavier und Orchester völlig neu gestaltet. In den Takten 1–48 entwirft der Komponist gleichsam einen akademischen Rahmen, und in der Reprise zeigt er, was schöpferische Phantasie daraus machen kann. Auch der dritte Abschnitt ist erweitert und wird von einer neuntaktigen Coda abgeschlossen.

Aufbau des zweiten Satzes

Erster Themenkomplex, sich in fünf Abschnitte gliedernd	1–48	Erste Phrase, Es-dur, modulierend nach B-dur	49–58
Erster Abschnitt, Klavier	1–8	Zweite Phrase, modulierend	58–66
Zweiter Abschnitt, Orchester	9–16	Dritte Phrase, Ges-dur, modulierend nach Es-dur	66–74
Dritter Abschnitt, Klavier	17–24	Überleitung	74–82
Vierter Abschnitt, Klavier	24–32	Reprise	82–110
Fünfter Abschnitt, Ritornell bzw. Binnencoda	32–48	Die drei Abschnitte entsprechen dem ersten,	
Die Ausführlichkeit dieser Binnencoda bezeugt den nachhaltigen Einfluß des sinfonischen Konzerttypus. Klavier und Orchester stehen sich im ersten Komplex als geschlossene Einheiten gegenüber.		dritten und vierten Abschnitt des ersten Themenkomplexes: Erster Abschnitt Zweiter Abschnitt (erweitert) Dritter Abschnitt Coda (der Binnencoda Takt 32–48 nachgebildet,	82–89 90–103 103–110
Zweiter Themenkomplex, in drei Phrasen gegliedert:	49–85	teilweise neugestaltet und erweitert)	110–130

Der dritte Satz

Das Rondo zeichnet sich durch zwei Merkmale aus: Erstens durch die äußerste Ökonomie des thematischen Materials; zweitens durch die ungewöhnliche Stellung der Kadenz: Ihr folgt nämlich, außer der letzten Wiederkehr des Refrains, die schon 50 Takte umfaßt, noch eine Coda von 33 Takten; insgesamt fast ein Viertel des ganzen Finale.

Wie im Rondo des Konzertes KV 488 umfaßt der Refrain zwei Themen, deren zweites nach dem Alternativo-Teil als erstes wiederkehrt (Takt 204); die letzte Wiederkehr des ersten Refrainthemas vollzieht sich erst nach der Kadenz (Takt 273).

Der Alternativo-Teil bringt, ebenso wie in den Rondi der Konzerte KV 467 und 537, kein neues Material, sondern verwendet nach Art einer Sonaten-Durchführung ausschließlich motivisches Material des Refrains. Anders als in KV 537 erfolgt nun auch eine vollständige Reprise des (zweiten) Refrainthemas, was in KV 537 eben nicht sinnvoll war, da dort die Durchführung auf diesem zweiten Refrainthema basierte.

Da im allgemeinen das Rondo darauf zielt, den vorhergehenden Spannungen eine gewisse Entspannung entgegenzustellen, führen die Modulationen nicht in so entlegene Gebiete wie im ersten Satz. Eines hat das Rondo aber mit dem ersten Satz gemein: Auch hier durchzieht die Rhythmik des ersten Taktes (♪♪♪ ♪♪♪ ♩♩) den ganzen Satz; ebenso ist das Couplet von ihr geprägt .

Aufbau des dritten Satzes

Refrain Erstes Thema	1–64	Durchführung und Eingang	131–181
Erster Abschnitt, Klavier	1–8	Fortsetzung der Durchführung	182–204
Orchester	9–16		
Zweiter Abschnitt, Klavier	17–39	Zweites Thema des Refrains	204–212
Orchester	40–64		
Refrain, zweites Thema, Klavier	65–73	Überleitung, mit neuer Modulation	212–246
Überleitung, darin ein Scheinthema, wie etwa im ersten Satz des Streichquintetts KV 516, Takt 79 (mit Auftakt)	73–107	Couplet	247–262
		Überleitung	262–272
		Kadenz	272
Couplet	108–123	Letzte Wiederholung des ersten Themas des Refrains (um acht Takte verkürzt)	273–323
Nachsatz und Eingang	123–130		
Refrain, erstes Thema, mit anschließender		Coda	323–355

VIII. Aufführungspraxis

Das Thema Aufführungspraxis umfaßt verschiedene Aspekte:

1) Art und Funktion des Soloinstrumentes
2) Art und Anzahl der Orchesterinstrumente
3) den Raum, in dem die Werke aufgeführt werden
4) die Ornamentik
5) Eingänge und Kadenzen.

1.) Im Zuge der Begeisterung für „authentische" bzw. „historische" Aufführungspraxis läge es nahe, zunächst festzustellen, daß für die geschichtsnahe Aufführung Mozartscher Konzerte nur ein Hammerklavier der Mozartzeit oder ein nach diesem Vorbild rekonstruiertes Instrument in Frage kommt. Daß eine solche Behauptung – so richtig sie auf den ersten Blick scheinen mag – eine Reihe von anderen Feststellungen bzw. Problemen mit sich bringt, wird meist nicht erkannt. Zum Teil hängen die Probleme mit den unter 2) und 3) zu erörternden Phänomenen zusammen.

Wer sich für ein „Pianoforte" entscheidet – hierbei sind im folgenden immer sowohl ursprüngliche Instrumente als auch Nachbildungen gemeint – hat eine Wahl getroffen. Die Frage ist: Handelt es sich um die Wahl zwischen Pianoforte und anderen in der Mozartzeit gebräuchlichen Tasteninstrumenten, oder zwischen Pianoforte und modernem Konzertflügel?

Das erste Mal, daß Mozart vom Pianoforte spricht, ist im Brief vom 17. 10. 1777, in dem er mit Begeisterung von den Pianoforti von Johann Andreas Stein spricht. Das heißt nicht, daß er das Pianoforte damals erst kennenlernte: Im Gegenteil, er spricht wiederholt von anderen Klavierbauern, deren Instrumente aber in seiner Sicht den Steinschen Instrumenten nachstehen. Mozart hat sicher als Kind Cembalo gespielt, und das „empfindsame" Chlavichord stand ihm auch später noch zur Verfügung. Es ist aber anzunehmen, daß gerade seine Begeisterung für das Steinsche Instrument inpliziert, daß – soweit es Klavierkonzerte betrifft – mindestens ab KV 271 nur ein Hammerklavier in Frage kommt.

2) und 3) Die Wahl zwischen Pianoforte und modernem Flügel berührt zugleich auch die Probleme der Orchesterinstrumente und des Raumes, in dem das Konzert aufgeführt werden soll.

Wieviel Plätze die verschiedenen Säle und Theater hatten, in denen Mozart seine Werke aufführte, wissen wir nicht genau. Wir kennen aber aus seinem Brief vom 20. 3. 1784 eine Liste von 174 Abonnenten („Subskribenten"). Wahrscheinlich kamen die meisten von ihnen in Begleitung einer Dame oder eines Herrn, und vielleicht kamen noch ein paar Dutzend Zuhörer dazu, die nicht subskribiert hatten. Diese etwa 400 Zuhörer füllten den Trattnerschen Saal. Es ist anzunehmen, daß das Mozartsche Instrument in einem solchen Raum voll zur Geltung kam, während es erfahrungsgemäß in einem modernen Konzertsaal mit 2000 Plätzen eben *nicht* voll zur Geltung gelangt. Ideal wäre also ein Saal mit etwa 500 Plätzen. Dabei stellt sich jedoch ein neues Problem ein, das nicht musikalischer, sondern ökonomischer Art ist. Angesichts der Popularität der Mozartschen Klavierkonzerte ist es sehr wahrscheinlich, daß man in einem größeren Kulturzentrum eine Aufführung zwei- oder dreimal wiederholen müßte, um das Interesse des Publikums zu befriedigen; in einem Saal mit 2000 Plätzen würde eine Aufführung genügen – aber da ist nun, wie bereits erwähnt, das Hammerklavier fehl am Platz.

Somit stellt sich die Frage, ob es möglich ist, eine dem Charakter der Musik entsprechende Aufführung zustandezubringen, indem man einen modernen Flügel verwendet? Vermutlich schon, denn es kommt nicht nur auf das Instrument, sondern auch auf die *Art des Spiels* an.

Mozart setzte das Klavier sowohl als Solo- als auch als Continuoinstrument ein, wie die Notierung der Solostimme zeigt. In den frühen Konzerten ist die Klavierbaßstimme in den Tuttiabschnitten durchwegs beziffert; in den späteren Werken beschränkt Mozart sich auf einen *col Basso*-Vermerk. Wenn das Instrument zu schweigen hat (besonders bei ausschließlich von Bläsern auszuführenden Stellen), setzt er Pausen.

Das heißt also, daß der Klavierspieler – modern ausgedrückt – *sowohl Solist als auch Dirigent* ist. Teil seiner Funktion als Dirigent ist das Mitspielen der Harmonien in den Tuttiabschnitten. Ist aber neben dem Solisten auch ein Dirigent vorhanden, dann hat dieses Mitspielen kaum einen Sinn.

Zur Besetzung des Streichorchesters: Sowohl aus der Beschaffenheit des Pianoforte als auch aus der Größe der Räume, in denen Mozart musizierte, ist zu schließen, daß die Anzahl der Streicher beschränkt und daß keinesfalls der ganze in modernen Orchestern übliche Streicherapparat (mit etwa 14–18 ersten Violinen und 6 bis 8 Kontrabässen) benützt werden soll. Für die Konzerte, die einen kleinen Bläserapparat brauchen – bei Mozart also fast alle Konzerte bis auf KV 449 – wäre ein Streichkörper mit 4–6 ersten und zweiten Geigen, 2–4 Bratschen, 2 Celli und 1 Kontrabaß, angemessen; eine Ausnahme müßte man wohl für jene Konzerte machen, in denen Trompeten und Pauken mitwirken (KV 175 und 382 sowie KV 415/387b), die wohl eine etwas *größere* Streicherbesetzung erfordern.

Selbstverständlich gibt es keine Standardbesetzung für alle Konzerte; die Streicherbesetzung ist von der Wahl des Soloinstruments, von der Gesamtbesetzung sowie vom Raum, in dem musiziert wird, abhängig. Wenn auch die meisten Konzerte der Jahre 1784–1791 eine größere Anzahl Streicher erfordern als die früheren, so soll auch innerhalb der Reihe der dreizehn großen Konzerte differenziert werden. Das c-moll Konzert, KV 491, mit sieben Holzbläsern, vier Blechbläsern und Pauken besetzt, soll nicht mit der gleichen Streicherzahl musiziert werden wie etwa das Konzert KV 450.

Solo und Tutti: Aus den wenigen überlieferten Stimmensätzen der Mozartzeit (wie etwa zum Konzert G-dur, KV 453) geht hervor, daß eine Verringerung der Streicherzahl in den Soloabschnitten auch damals noch üblich war. Klar ist, daß der gleiche Effekt auch durch unterschiedliche Spielweise erreicht werden kann.

4) Ornamentik. Bekanntlich beschränkt sich die freie Hinzufügung von Ornamenten in der Mozartzeit hauptsächlich auf notengetreue (oft nicht ausgeschriebene) Wiederholung von Satzteilen oder Phrasen – und gerade diese finden sich in den Mozartschen Konzerten selten: Es handelt sich vor allem um zweiteilige Variationenthemen und deren Variationen, wie etwa in den Konzerten KV 453 und 491 (3. Satz) und 450 und 456 (2. Satz). Und auch hier soll der schöpferische Anteil des Solisten bescheiden sein, da ja der Mozartsche Satz meist schon reichlich ornamentiert ist, so daß zusätzliche Verzierungen leicht zu einer Überladung führen könnten.

Schöpferische Eigenleistung verlangen auch gewisse unvollständig oder lediglich gerüstartig notierte Phrasen in langsamen Sätzen sowie nur durch Anfangs- und Spitzentöne angedeutete Stellen in langsamen und schnellen Sätzen.

Ein Bild davon, wie die ersteren ausgeführt werden können bzw. sollen, vermittelt uns die von Nannerl überlieferte Ausarbeitung der Takte 56–62 im zweiten Satz des Konzertes KV 451. Ein besonderes Problem bietet in diesem Zusammenhang der Mittelsatz des Konzertes KV 488, insbesondere die Takte 64, 80–83 und 85–92. Die Phrase Takt 53–68 ist im Prinzip eine Wiederholung der Eröffnungsphrase, Takt 1–12. Sie ist aber diesem gegenüber um vier Takte erweitert. Auch hier spielt der Solist allein – mit Ausnahme des Taktes 64: Es ist der einzige Takt, in welchem dem Klavier ein langer Akkord zugewiesen ist, und dieser Akkord wird von Bläsern unterstützt – *ein Indiz, daß er nicht ausgeziert werden soll.* Die Bläser sind ja da, um das Verlöschen des Akkordes zu verhindern. Demgegenüber wäre eine bescheidene Auszierung des Taktes 66 durchaus am Platze.

Viel problematischer sind die letzten Takte des A'-Teils und die Coda. In den Takten 80–83 entsprechen sich die Stimmen von Klavier (linke Hand) und Fagott sowie von Flöte, Klarinette und Klavier (rechte Hand) in einer derartigen Weise, daß Auszierungen nicht nur überflüssig, sondern sogar störend wirken würden. In der Coda ist die Situation wieder etwas anders: Den fast „stillstehenden" Akkorden der Bläser gegenüber wäre eine Auszierung der „Sprünge" im Klavierpart durchaus denkbar.

Es wird immer wieder von diesem schöpferischen Anteil des Solisten an der klanglichen Gestaltung der Konzerte gesprochen. Bei näherer Betrachtung zeigt sich aber, daß – außer den Eingängen und Kadenzen – die Stellen, an denen dieser Anteil sich verwirklichen läßt, bei Mozart eher selten sind. Es liegt nahe, anzunehmen, daß eine Auszierung am ehesten bei der Wiederholung einer Phrase oder eines Themas möglich ist – aber dort hat Mozart sie meist schon selber vorgenommen. An anderen Stellen ist das, was im Orchester vorgeht, derart bedeutungsvoll und interessant, daß jede Hinzufügung in der Solostimme eher zur Verunreinigung als zur Verschönerung des Klangerlebnisses beitragen würde.

In nachfolgender Übersicht sind die Stellen aufgelistet, wo eine Auszierung bzw. Ergänzung nach Meinung des Autors notwendig, erwünscht oder möglich ist.

KV-Nr. und Satz	notwendig	erwünscht	möglich
175/II			37, 98
271/II			49–51
414/385p/II			86–89
451/II	56–62 (dies ist die von Nannerl überlieferte Auszierung) 75–76		
453/II			39, 50
466/II			45–50, 52–55, 61, 62, 119–133
467/II		58–60	43, 62–65
482/I			355, 356
482/II			181, 182
482/III	164–172 226–233 242–252 346–347	265–271 362–368 387–393	183–188
488/II			66, 85–87, 88–90
491/I	261–262 467–470		

KV-Nr. und Satz	notwendig	erwünscht	möglich
491/II		63–73	
503/II		59–62	13
537/II		28–34, 44–69, 72–80, 84, 91–99	
595/I	168–169, 329–330		
595/II			50–52, 55–57, 59–72, 90–96

5) Kadenzen und Eingänge. Die Frage, wo eine Kadenz anzubringen ist, läßt sich eindeutig beantworten: immer dort, wo die Musik auf einem 6/4 Akkord mit Fermatenzeichen innehält. Die Ausführung der Kadenzen sollte sich an Mozarts Vorgaben orientieren, er hat uns mit den ausgeschriebenen Kadenzen zu 15 seiner insgesamt 23 Konzerte deutliche Hinweise gegeben, wie er sich die Gestaltung einer Kadenz vorstellt. Die Grundprinzipien sind:

a) eine Länge von 20–30 Takten in schnellen Sätzen, unterschiedlich, je nach dem Umfang des Satzes zu dem die Kadenz gehört; in langsamen Sätzen eine dazu analog disponierte Länge;

b) bescheidene Bezugnahme auf die Themen des Satzes, besonders auf diejenigen, die dem Solisten vorbehalten sind;

c) keine Modulationen, sondern höchstens Ausweichen in die Dominante, Subdominante, Mediante und Mollvariante;

d) Abschluß mit einem Triller auf der Obersekunde des Grundtons, unterstützt vom Dominantseptakkord. Von dieser letzten Regel kann in Schlußsätzen abgewichen werden, wenn der Kadenz kein orchestrales Nachspiel folgt, sondern ein Solo, das meistens die letzte Wiederholung des Refrains enthält. Wie bald das Bewußtsein, daß eine Kadenz diesen Forderungen entsprechen muß, d. h. in die Gesamtheit des Satzes integriert werden soll, verloren ging, zeigen die Kadenzen Beethovens zum d-moll Konzert KV 466. Beethoven tobt sich aus und bewirkt eine Verunreinigung des Mozartschen Stils; nach aller Wahrscheinlichkeit vermitteln die Kadenzen gleich-

zeitig ein Bild der damaligen Aufführungspraxis der Klavierkonzerte.

Das Problem der Eingänge ist schwieriger zu lösen, da es
sich nicht – wie bei den Kadenzen – um eine eindeutige Notierung handelt. Nicht jedes Fermatenzeichen deutet gleich auf
die Notwendigkeit eines Eingangs. Im allgemeinen kann gesagt werden, daß ein Eingang da anzubringen ist, wo ein Abschnitt in einer anderen Tonart als der Grundtonart beendet
wird; in solchen Fällen vermittelt der Eingang die Überleitung
zum Einsatz des nächsten Abschnittes, meistens der Wiederholung eines Themas. Ein klares Beispiel bietet das Konzert
KV 238, 3. Satz, Takt 168. Der Eingang soll wesentlich kürzer sein als eine Kadenz und nicht mehr enthalten als eine
(virtuose) Rückleitung bzw. Modulation zur Tonart des nächsten Abschnittes.

Wie bereits erwähnt, deutet nicht jedes Fermatenzeichen
an, daß dort ein Eingang gespielt werden soll. Als Beispiel für
eine Stelle, an der eher an ein Anhalten zu denken ist, sei hier
der Anfang des Mittelsatzes des Konzertes G-dur, KV 453 an-
geführt:

KV 453, Zweiter Satz, Takt 1–5

Da der Satz kaum begonnen hat und außerdem der Solist erst
in Takt 30 einsetzt, wäre ein Eingang hier fehl am Platz. Das
gleiche gilt für Takt 68. Es ist sogar fraglich, ob die Fermatenzeichen in den Takten 33–34 und 93–94 als Einladungen
zum Auszieren verstanden werden müssen; wenn ja, dann
wohl nur Takt 33 und Takt 93.

Zum Schluß einige aufführungspraktische Bemerkungen zu
ausgewählten Stellen einzelner Konzertsätze: KV 242, 1. Satz,
Takt 67/68 und 71/71: Hier könnten die fehlenden Oktaven
ohne Weiteres von den Hörnern (in F) ergänzt werden:

KV 365/316a: Von der von O. E. Deutsch vertretenen Ansicht, Mozart habe bei der Aufführung dieses Werkes am 23. November 1781 das Orchester um Klarinetten, Trompeten und Pauken erweitert, ist insofern Abstand zu nehmen, als die *überlieferten* Stimmen wohl kaum etwas mit Mozart zu tun haben. Die Trompetenstimmen wären allenfalls akzeptabel; ein Paukenwirbel auf der Septe des Dominantseptakkordes (I, Takt 146) gehört wohl zum un-mozartischten, das man sich denken kann. Und die Klarinettenstimmen sind alles andere als phantasiereich, wenn sich auch gelegentlich eine Schein-Phantasie breit macht (I, Takt 45, 150, 295).

KV 414/385p: Möglicherweise hängt der Unterschied der jeweiligen Kadenzen mit den von Mozart beabsichtigten Funktionen dieser Konzerte zusammen. Sie waren ja zunächst für den Gebrauch im Kreise der „Nicht-Kenner" bestimmt; und ein Liebhaber-Solist wird es begrüßt haben, nicht allzulange „exponiert" zu sein während des Spielens der Kadenz; und der „Kenner" konnte sich dann der längeren Kadenzen bedienen, die wohl mehr Mozarts eigenen Wünschen entsprochen haben werden.

KV 466, 1. Satz, Takt 89–90: Die „unspielbaren" Noten im Baß dieser Takte *können* einen Hinweis enthalten bezüglich der Art, wie Mozart das Pedal – dessen Anfertigung u.a. durch den Brief von Leopold Mozart vom 12. März 1785 belegt ist – verwendet hat.

KV 491, 2. Satz, Takt 540: Die Faksimile-Edition (Boethius Press, Kilkenny, Ireland, 1979) läßt deutlich erkennen, daß die Noten as', b', c'' in der Klavierstimme nicht zur gleichen Zeit wie die übrigen Noten dieser Stimme, und schon gar nicht gleichzeitig mit den Bläserstimmen notiert wurden. Wenn sie überhaupt von Mozart stammen, dann läge hier ein klarer Fall vor, wie Mozarts Arbeitsweise (in zwei Arbeitsvorgängen) gelegentlich zu einem musikalisch unlogischen Resultat führen kann. Die einfachste Lösung ist, das b' im Klavier durch ein g' zu ersetzen.

KV 491, 3. Satz: Dieser Satz gehört wohl, was die editorischen Probleme betrifft, zu den schwierigsten Sätzen Mozarts. Hier sei nur bemerkt, daß Hermann Beck bei seiner Ausarbeitung der Takte 145, 1. Viertel, 157, 3. Viertel und 163, 1. Viertel, eine etwas allzu große Angst vor Quintenparallelen zeigt. Dadurch entsteht eine un-mozartische Verdopplung der (Dominat-)Septe. Mein Vorschlag wäre an diesen Stellen die Noten durch eine einfache Dreiklangsbrechung zu ersetzen (d-fis-a-d' bzw. g-h-d'-g').

KV 503, 3. Satz: Abermals ein Satz, der musikalische Anomalien aufweist, insbesondere in Takt 60 und in den Takten 247–249. Faktisch stimmen die Akkorde im Klavier (l. H.) schon ab Takt 58 nicht zu den Orchesterstimmen. Logisch wäre:

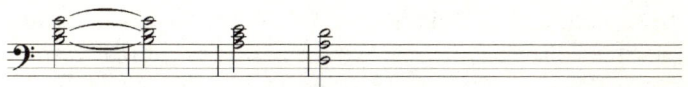

Für die Lösung des Problems der Takte 247–249 sei auf den Kritischen Bericht von Hermann Beck zu NMA V/15/7, S. g/97 und g/98 verwiesen.

KV 537, 2. Satz: Daß eine Ornamentierung sowohl des Mittelteiles als auch der Wiederholung des Hauptteiles erwünscht ist, scheint mir eindeutig. Daß eine Ergänzung der Stimme in Takt 105 (r. H.) notwendig ist, scheint ebenfalls klar. Vorschlag des Autors:

KV 595, 1. Satz: Problematisch ist in diesem Satz Takt 212. Manche Musiker fühlen sich unangenehm berührt durch die Gleichzeitigkeit der melodischen Linie der Flöte und der Figuration (Umspielung) des Dominantenseptakkordes in der

Klavierstimme. Die Tatsache, daß Mozart in der Oboenstimme die zu erwartenden Töne es'' – des'' (♩ ♫) weggelassen hat, beweist, daß es sich hier nicht um eine Flüchtigkeit handelt; die sonst entstehenden parallelen Quinten zwischen Oboe und Klavier störten ihn offenbar mehr als die Sekunden zwischen Klavier und Flöte. (Es sei hier noch bemerkt, daß eine solche, an sich nicht ganz regelrechte Stimmführung immer leichter zu ertragen ist, wenn es sich um zwei verschiedene Instrumente handelt; Mozart hätte eine solche Wendung nie geschrieben, wenn es sich anstatt um Flöte und Klavier etwa um zwei Geigen gehandelt hätte.)

KV 595, 2. Satz: Daß ein Unterschied zwischen den Figuren ♩ ♫ Klavier und ♩. ♫ (Orchester) dezidiert gemeint wäre, scheint mit kaum wahrscheinlich, besonders deshalb weil Mozart gerade in Spätwerken in rhythmischen Angelegenheiten eine genaue Notierung anstrebte, und z. B. den früheren Doppelschlag oft durch ausgeschriebene Figuren ersetzte (in diesem Satz z. B. in Takt 49 und 54). Vielmehr scheint mir die unterschiedliche Notierung darauf hinzuweisen, daß Mozart von Anfang an mit einer Auszierung der Klavierstimme gerechnet hat, die zwangsläufig den „Konflikt" zwischen Klavier und Orchester beheben würde. Man könnte sich z. B. Takt 104 wie folgt vorstellen:

KV 595, 3. Satz; Takt 252 und 260: Es ist klar, daß wir es in Takt 252 wieder einmal mit einer „Not" (der fünfoktavigen Tastatur des Mozartschen Klaviers) zu tun haben, aus der Mozart versucht hat, eine „Tugend" zu machen. Wer über ein Klavier verfügt, dessen Diskant über f''' hinausreicht, mag in Takt 252 g''' – f''' statt f''' – e''' spielen – aber selbstverständlich muß sich der/die Flötist(in) in Takt 260 dieser Entscheidung anpassen.

Glossar

a': Tonhöhe der A-Saite der Geige, zur Oktave c' – h' gehörend; höhere Oktavlagen werden mit c'', c''' usw. bezeichnet, tiefere mit c, C und ,C.

6/4 Akkord: dreistimmige Harmonie, bestehend aus Grundton, Quarte und Sexte (Beispiel: c + f + a)

Alternativo: im großen Rondo das zweite (mittlere) Couplet, nach der ersten Wiederholung des Refrains einsetzend

AMA: Alte Mozart-Ausgabe (19. Jahrhundert)

anapästisch: Rhythmus, aus zwei kurzen und einem langen Ton bestehend, mit Akzent auf dem letzten

aperto: offen, frei

argumentum ex negativo: Argument, auf etwas nicht Vorhandenem, Fehlenden basierend

Arienkadenz: traditioneller Abschluß der Solostimme in einer virtuosen Arie, bestehend aus fünfter Stufe (etwa g in C-Dur), Triller auf der 2. Stufe und Grundton

Auftakt: kurzer Anfang einer Phrase oder eines Themas, der dem ersten akzuierten Ton vorangeht (klassisches Beispiel: die ersten drei Töne der *Marseillaise*)

Binnencoda: Nachspiel eines Abschnittes einer größeren Form, etwa der Exposition eines Sonatenhauptsatzes

Cassation: buchstäblich „Aufhebung", „Beendigung", in der Musik der „Finalmusik" (Festmusik zum Abschluß des akademischen Jahres) ähnelnd; praktisch der Serenade gleichzusetzen

Codetta: s. Binnencoda

col basso: Bezeichnung der mit den Orchesterbässen parallelen Führung des Klavierbasses, eventuell um (improvisierte) Harmonien bereichert

conspicuus, – cua absentia: auffällig durch Abwesenheit

contradictio in terminis: Widerspruch der Bezeichnungen

cum grano salis: „mit einem Körnchen Salz", d. h. nicht ganz wörtlich, nicht ganz ernst

deus ex machina: im antiken Drama die höhere Macht, die durch ihr Eingreifen die Lösung des dramatischen Konflikts herbeiführt

Deutsch Dok.: O. E. Deutsch, Mozart, die Dokumente seines Lebens. Bärenreiter-Verlag, Kassel usw. 1961

doppelter Kontrapunkt: kontrapunktische Schreibart, in der die Stimmen ihre Stellung wechseln können

durchbrochene Arbeit: melodische Linie, die von verschiedenen einander abwechselnden Instrumenten gespielt wird

Enharmonik: Gleichstellung von Tonhöhen mit unterschiedlichen Bezeichnungen, wodurch – seit der Einführung der „gleichschwebenden Temperatur" – bestimmte Modulationen (s. dort) möglich geworden sind

x Entrée: solistischer Einsatz in einem Konzertsatz ohne thematische Funktion

x Entsprechung: veränderte Wiederholung eines Themas

Fantasie-Durchführung: Mittelteil (Durchführungsteil) eines Sonatenhauptsatzes ohne thematischen Bezug zur vorhergehenden Exposition

Großauftakt: Auftakt, der mehr als die üblichen Töne umfaßt, nämlich einen ganzen Takt (wie etwa im Finale des Konzertes KV 467) oder noch mehr

große Rondoform: Rondo, in dem die Wiederholungen des Refrains von zwei verschiedenen Couplets abgewechselt werden; schematisch dargestellt: a-b-a'-c-a''-b'-a'' (c = Alternativo, s. dort)

KV: Köchel-Verzeichnis, Katalog der Werke Mozarts

Leitton: kleine Sekunde unter dem Grundton einer Tonart (*h* ist Leitton in C-Dur)

Mannheimer Crescendo: lange, manchmal vom *pp* zum *ff* führende Steigerung der Klangstärke, besonders von den Mannheimer Komponisten in der 2. Hälfte des 18. Jahrhunderts kultiviert

Modulation: Übergang von einer Tonart in eine andere

NMA: Neue Mozart-Ausgabe (seit 1955)

Pasticcio: in der Oper Bezeichnung eines Werkes, in dem Fragmente aus mehreren Werken, evt. auch von mehreren Komponisten zusammengewürfelt wurden („Flickoper")

Rakete: schnelle aufsteigende Figur

Ritornell: im Konzertsatz kurze Einleitung oder Zwischenspiel ohne Beteiligung des Solisten

Rondo alla francese: einfache Rondoform, in der Refrain und Couplets ohne Überleitung nebeneinander auftreten und der Refrain meistens nicht variiert wird

Sequenz: Motiv, das einige Male auf verschiedenen Tonstufen wiederholt wird

sixte ajoutée: hinzugefügte Sexte, von Jean Philippe Rameau eingeführte Bezeichnung für eine Sexte, die einem Dreiklang, insbesondere auf der 4. Stufe, hinzugefügt wird (etwa in C-Dur: f + a + c + d)

show piece: Bezeichnung einer Komposition, in der vor allem der/die Ausführende sein/ihr Können zur Schau („show") stellt

tour de force: Kraftstück, Leistung, die mehr als normale Anspannung erfordert

„Teutscher" (Deutscher): Deutscher Tanz, schneller Tanz im 3/4 Takt, dem Walzer ähnlich

Trugschluß: Harmonie, die anstelle einer erwarteten, regulären eintritt, etwa in C-Dur: a + c + e nach der Dominantharmonie g + h + d + f

Vagans: „wandernd", zusätzliche, frei erfundene Stimme zu einem kontrapunktischen Satz

„Versuch": Versuch über die wahre Art, das Klavier zu spielen, von Carl Philipp Emanuel Bach, I 1753, II 1762

x vom Autor eingeführte Termini

Personenregister

Kunst bei C. H. Beck
Eine Auswahl

Heinrich Krauss/Eva Uthemann
Was Bilder erzählen
Die klassischen Geschichten aus Antike und Christentum
in der abendländischen Malerei
4. Auflage. 1998. X, 546 Seiten mit 88 Abbildungen. Leinen

Werner Busch
Das sentimentalische Bild
Die Krise der Kunst im 18. Jahrhundert
und die Geburt der Moderne
1997. 537 Seiten mit 154 Abbildungen,
davon 16 in Farbe. Broschiert

Hans Belting
Bild und Kult
Eine Geschichte des Bildes vor dem Zeitalter der Kunst
2. Auflage. 1991. 700 Seiten mit 308 Abbildungen,
davon 12 in Farbe. Leinen im Schuber

Heinrich Klotz
Kunst im 20. Jahrhundert
Moderne – Postmoderne – Zweite Moderne
1994. 212 Seiten mit 93 Abbildungen,
davon 8 in Farbe. Klappenbroschur

Stefano Bianca
Hofhaus und Paradiesgarten
Architektur und Lebensformen in der islamischen Welt
1991. 307 Seiten mit 211 Abbildungen,
davon 13 in Farbe. Leinen

Norbert Huse
Unbequeme Baudenkmale
Entsorgen? Schützen? Pflegen?
1997. 136 Seiten mit 41 Abbildungen. Broschiert